KB193493

틀을 깨는 사람들

세상에 없던
방식으로 성공한
이단아 기업들의
혁신 전략

틀을 깨는
사람들

샐리 퍼시 Sally Percy 지음
정윤미 옮김

미래의창

이 책에
쏟아진 찬사

이 책은 기존의 틀을 깨는 데 성공한 기업들을 간결하면서도 예리하게 조명한다. 각 장은 그 자체로 설득력이 넘치지만, 비교와 대조야말로 이 책의 진정한 매력이다. 혁신이라는 한 가지 주제를 따라가다 보면 페이지가 술술 넘어갈 것이다. 기업 리더라면 누구나 읽어야 할 필독서다.

● 폴 루이스, 글로벌 로펌 링크레이터스 총괄 매니징 파트너

혁신기업은 어떤 점에서 차별화되는지 궁금하다면 이 책에서 답을 찾기 바란다. 책을 읽고 나면 새로운 영감을 많이 얻게 될 것이다. 다양한 사례와 풍부한 이야기는 물론이고 깊이 있는 분석 자료를 명료하게 제공한다. 특히 샐리 퍼시 특유의 날카로우면서도 우아한 문체가 돋보이는 책이다. 올해 꼭 읽어봐야 할 비즈니스 서적 중 하나다.

● 마틴 구트먼, 아마존 베스트셀러《보이지 않는 리더The Unseen Leader》
의 저자, 루체른경영대학원 교수

샐리 퍼시는 불확실한 비즈니스 세계에서 유독 큰 성공을 거둔 혁신기업의 성공 비결을 배우려는 리더를 위해 수준이 높으면서도 쉽게 몰입할 수 있는 책을 완성했다. 자신의 기업이 코닥이나 노키아와 같은 운명을 맞이하지 않길 원한다면 이 책을 적극적으로 추천한다.

● 데이비드 로스, 경영 컨설팅 회사 창업자

샐리 퍼시의 신간은 혁신적인 기업이 어떻게 혁신적인 사고를 시작하는지 보여준다. 기존의 사고방식을 벗어나야만 주류 업계에서 계속 간과해온 기회를 찾아낼 수 있다. 이들은 급진적으로 달라지는 수요, 가치, 소비자의 기대에 초점을 맞추며, 다른 기업보다 먼저 트렌드를 파악하고, 아무도 생각하지 못한 방식으로 이를 활용한다. 퍼시는 혁신기업의 성공담을 설명해줄 뿐만 아니라 그들의 성공 비결을 실용적인 교훈으로 연결해준다. 자기 분야의 시장을 혁신하고 싶거나 조직 내에서 혁신가로 인정받고 싶다면 이 책을 반드시 읽어야 한다.

● 블레어 파머, 전 BBC 프로듀서이자 20년 차 기업 코치

내 취향에 딱 맞아떨어지는 책이다. 저자인 샐리 퍼시는 가능성이 매우 낮아 보이는데도 놀라운 성공을 거둔 현실 사례를 아낌없이 소개한다. 물론 이런 성공담에는 가끔은 오만함에 빠져 실패했던 일이 포함되어 있다. 저자는 그런 이야기에서 우리가 배울 만한 점을 아주 예리하게 찾아낸다. 법의학 수준에 버금가는 연구를 기반으로 흥미로운 교훈을 제공하는 책이다.

● 데이비드 로쉬, 전 하퍼콜린스 마케팅 책임자, 아마존 베스트셀러 저자
  이자 리더십 코치

샐리 퍼시는 남다른 통찰력으로 혁신에 성공한 기업 및 기업가에 대한 모든 점을 가감 없이 보여준다. 전 세계에서 가장 흥미로운 리더로 여겨지는 사람들에 대한 그녀의 분석은 즐거움과 유용한 정보를 제공한다. 세스 고딘, 말콤 글래드웰, 스콧 갤러웨이와 어깨를 나란히 하는 비즈니스 필독서의 저자라고 할 수 있다.

○ 메러디스 파월, 전 마이크로소프트 포 스타트업MS for Startups 글로벌 최고마케팅책임자CMO, 벤처 투자자

파괴적인 혁신 사례를 좋아하는 사람이라면 이 책을 놓치지 말아야 한다. 이 책은 비욘드 미트, 온리팬스, 짐샤크 등 혁신의 대명사라고 할 수 있는 주요 기업이 전략적으로 위험을 감수하며 유명 인사와 협업하고, 최첨단 마케팅 수법을 사용해서 각자의 분야에서 얼마나 큰 변화를 일으켰는지 알려준다. 우리 시대 가장 영향력 있는 브랜드의 성공담에 푹 빠지게 될 것이다. 비즈니스에 관심이 있다면 꼭 읽어보라.

○ 제시카 노드랜더, 캐나다 영향력 있는 40세 이하 40인에 선정, 스웨덴에서 가장 뛰어난 혁신 리더

세계에서 가장 흥미롭고 성공적인 혁신기업에 대한 이야기와 깊은 통찰을 담고 있다. 독자는 이 책을 읽고 틀에 박힌 생각에서 벗어나 가능성이라는 개념을 새로 정의하게 될 것이다. 성공을 꿈꾸는 기업가, 호기심 많은 학생, 경험 많은 전문가 등 모두가 꼭 읽어야 할 책이다.

○ 제이 루디트, 유니데이즈의 CMO, 고문 겸 공동 설립자

혁신적인 기업의 성공 비결이 궁금하지만 똑같은 기업만 소개하는 자료에 질렸다면 이 책을 읽어보자. 샐리 퍼시는 기존의 틀을 깨고 성공을 거둔 기업들의 성공 비결을 자세히 파고들어, 그들의 혁신 방식이 어떻게 차이를 만들어내는지 보여준다. 그리고 실제로 그것이 현실에서 실현 가능하다는 점을 믿게 해준다.

⬤ 주디스 제르맹, 리더십 전문가

정말이지 눈이 번쩍 뜨이게 하는 책이다. 오늘날을 대표하는 혁신기업의 DNA를 확인한 기분이다. 각자의 분야에서 내로라한 혁신을 이루어낸 기업들이 소개되는데, 저자는 이들이 혁신, 두려움 없는 리더십, 현명한 기술 활용을 통해 어떻게 성공을 거두었는지 전문가의 관점에서 설명해준다. 기업가와 임원 모두에게 권하고 싶은 책이다. 하루가 다르게 발전하는 비즈니스 세계에서 어떻게 혁신에 접근해야 하는지 중요한 통찰을 제공하고 있다. 혁신을 시도하고 시장에서 남들보다 앞서가고 싶다면 이 책을 꼭 읽어보기 바란다.

⬤ 아사드 후세인, 글로벌 기업 최고인사책임자CHRO

시작하며

각자의 분야에서 혁신을 이룩한 사람은 소비자의 행동을 바꾸고,

경제를 변화시킴으로써 사람들의 삶에 큰 변화를 가져온다.

– 헤더 시먼스, 《델의 재발명 *Reinventing Dell*》의 저자

2007년 1월, 지금은 고인이 된 애플의 전 CEO 스티브 잡스는 맥월드 엑스포에서 전 세계를 놀라게 한 혁신 기술 한 가지를 발표했다. 바로 세련된 디자인이 돋보이는 아이폰이었다.

"이제 애플이 휴대전화 세상을 새로 창조할 것입니다"라고 잡스가 말하자 청중석은 크게 환호했다. 그는 아이폰이 "지금까지 이 세상에 존재한 어떤 모바일 기기보다 똑똑하며 사용법은 아

주 간단"하다고 설명했다.[1] 곧이어 잡스는 아이폰의 여러 기능을 직접 보여주었는데, 사용자 친화적인 멀티터치 인터페이스, 강력한 소프트웨어, 고해상도 화면, 카메라, 인터넷 접속, 사용자가 이동 중에도 이메일을 볼 수 있는 기능을 강조했다. 아이폰은 단순한 스마트폰이 아니었다. 노트북이나 데스크톱 컴퓨터에 로그인하지 않고도 인터넷에 접속할 수 있는 기기로, 주머니에 쏙 들어가거나 손에 잡히는 크기의 컴퓨터나 마찬가지였다.

아이폰이 가져온 변화는 게임체인저라는 말로는 충분하지 않다. 아이폰의 등장은 스마트폰의 외관이나 작동 방식만 바꿔놓은 것이 아니었다. 인터넷에 접속하는 기회를 크게 확장해주었고, 경쟁사들은 앞다투어 아이폰에 상응하는 안드로이드 제품을 개발해야 했다. 덕분에 아주 짧은 시간 내에 우리의 생활 방식이나 업무 처리 방식은 완전히 달라졌다. 지금까지 아이폰은 23억 대가 넘게 판매되었으며, 여전히 세계에서 가장 많이 사용되는 모바일 기기로 꼽힌다.[2]

아이폰은 저명한 혁신기업이 내놓은 대표적인 혁신 제품이다. 애플의 뛰어난 혁신은 오랜 역사를 자랑한다. 아이폰 외에도 매킨토시 개인용 컴퓨터, 아이팟, 아이튠즈, 아이패드 등이 있다. 최근에는 애플 비전 프로를 출시했는데, 일상생활에 증강현실과 가상현실을 도입하려는 적극적인 시도로 보인다. 지금도 많은 기업이 애플이 이룩한 성공의 아주 작은 일부분이라도 달성하고자, 애플에서 비즈니스 혁신에 관한 영감을 얻으려고 노력한다.

이제 혁신은 비즈니스 환경에서 꽤 익숙한 일처럼 여겨진다. 기업들은 스스로 혁신하지 않으면 규모는 작지만 더 민첩한 경쟁업체의 손에 혁신을 당하게 될 것이라는 말을 귀에 못이 박히게 듣는다. 이를 뒷받침하는 가장 충격적인 사례가 2000년에 영화 대여 체인 사업을 하던 블록버스터가 온라인 경쟁업체인 넷플릭스를 인수하지 않은 것이다. 지금 돌이켜보면 그것은 매우 어리석은 결정이었다. 블록버스터는 2010년에 파산 신청을 했지만, 넷플릭스의 인기는 날개를 달았고 수익도 계속 늘어났다.[3]

지난 20년간 인터넷의 부상으로 많은 분야에서 진입 장벽이 낮아졌다. 이전에는 대기업이 경쟁에서 이기기 위해 시장 진입을 적극적으로 막았다면, 이제는 중소기업도 시장에 자유롭게 진입하게 되었다. 그뿐만 아니라 인터넷은 기업이 고객이나 이해관계자와 상호작용하는 방식을 변화시킴으로써 새로운 제품과 서비스를 개발하고, 또 대부분의 경우에 비즈니스 모델까지 재창조할 수 있도록 만들었다.

오늘날 우리가 듣고 보는 기업 혁신의 상당 부분은 인공지능, 클라우드 컴퓨팅, 데이터 분석과 같은 최신 기술이 주도하고 있다. 그렇지만 세계화, 달라지는 사회규범과 지속 가능한 경제로의 전환, 끊임없이 변화하는 규제 및 지정학적 환경과 같은 비기술적 요인도 큰 영향력을 행사한다. 이런 환경을 고려할 때 기업은 혁신을 가장 중요시하고, 예상치 못한 일이나 새로운 기회나 문제가 다가올 때 신속하게 적응할 준비를 해야 한다.

혁신을 주도한 기업가들의 비밀

기업들은 파괴적 혁신을 일으킬 것이라는 기대를 한 몸에 받지만, 현실을 보면 기업 간에 차이가 크다. 어떤 기업은 혁신으로 큰 성공을 거두지만, 어떤 기업은 이렇다 할 성과가 없다. 과연 기업이 혁신에 성공하려면 무엇이 필요한 것일까? 이 책은 기존의 틀을 깨고 각자의 분야에서 대대적인 혁신을 이룩한 13개 기업을 소개한다. 그들의 성공은 전 세계에도 큰 변화를 주었다. 이들의 성공담을 소개하면서 성공의 구체적인 요인을 분석한다.

이 책에 소개된 기업은 다양한 시장 부문에서 활동한다. 주요 활동 무대도 제각각이다. 그렇지만 대부분은 누구나 이름만 들어도 아는 유명 기업이다. 논란의 중심에 있는 틱톡이나 온리팬스와 같은 기업도 있다. 13개 중 대부분은 창립한 지 10년 미만인 신생 기업이다. 이들의 비즈니스 전략과 모델은 서로 다르지만,

공통점이 있다. 혁신에 대한 남다른 열정과 마케팅, 영업, 제품 개발에서 기존의 틀에 박힌 사고를 벗어나려는 강한 의지가 있었다는 점이다.

이 책은 기업을 주로 다룬 책이다. 그러나 기업에 관한 책은 사람에 관한 책이라고도 할 수 있다. 기업은 사람의 창의력, 노력, 장래성이 없다면 해당 시장에 혁신을 일으킬 수 없기 때문이다. 그래서 기업의 성공에 크게 이바지한 주인공의 이름도 이 책에서 언급한다. 하지만 각자의 분야에서 기업이 크게 성장하도록 핵심적인 역할을 한 사람들은 우리가 아는 것보다 훨씬 많다. 그들의 이름을 모두 소개하지는 못했지만, 그들의 역할과 중요성을 간과해서는 안 된다.

혁신을 주도하는 기업은 광범위한 영향을 미치기 때문에 많은 사람의 주목을 받는다. 기업의 시련과 도전 과제, 업적은 여러 기사에 언급되며, 기자들은 기업의 리더를 찾아와 질문 공세를 퍼붓는다. 여기에는 몇 가지 긍정적인 이유가 있다. 첫째, 시장을 혁신한 기업은 이를 모방하려는 다른 기업에 교훈을 줄 수 있다. 두 번째 이유가 더 중요한데, 그들은 시장을 넘어 이 세상을 바꿔놓을 수 있다. 혁신을 통해 새로운 제품을 출시하거나 일 처리 방식을 바꿔놓으면, 사람들의 행동과 세상을 바라보는 관점도 달라진다. 그러면 새로운 아이디어를 포용하게 되고 예전에 절대 하지 않던 일도 시도하게 된다.

　혁신기업이 되기란 쉽지 않다. 그러나 혁신기업이라는 명성을 계속 유지하는 것은 그보다 더 어려운 일이다. 혁신기업은 종종 사람과 관련된 중대한 문제를 해결하려는 절실한 마음에서 시작되는데, 일단 그 문제를 해결하여 시장에서 지배적인 영향력을 갖게 되면, 더는 발전하지 않고 그 자리에 안주하는 경향을 보인다. 전 세계에서 가장 가치가 큰 상장 기업 중 하나인 애플의 사례로 다시 돌아가 보자. 애플의 시가총액은 3조 달러에 육박한다. 전 세계를 놀라게 한 아이폰 출시 후 15년이 지난 지금, 요즘은 애플이 더는 예전처럼 놀라운 혁신의 주인공이 아니라고 말하는 사람이 많다.

　모든 기업이 계속 혁신을 일으킬 수는 없다. 그렇지만 혁신은 지금 이 시대 기업이 갖춰야 할 대표적인 특성이 되었다. 따라서 우리는 모든 형태의 긍정적인 혁신을 인식하고 이해하고 받아들여야 한다. 지금부터 바로 그 점에 초점을 맞추어 가장 두드러진 성공을 거둔 혁신기업 13개를 소개하고, 그들이 어떻게 기존의 틀을 벗어나서 혁신을 이룩했는지 알려줄 것이다.

01

A24

인디 영화 배급사가 수많은 팬을
거느린 영화계 스타가 된 이유

A24는 미국에 본사를 둔 독립영화 및 텔레비전 프로그램을 제작하는 엔터테인먼트 기업이다. 〈에브리씽 에브리웨어 올 앳 원스〉, 〈유전〉, 〈레이디 버드〉처럼 크게 흥행한 독립영화를 연달아 선보였다. 소규모 배급사에 불과했던 A24는 10년 만에 수많은 팬을 확보한 영화계의 강자로 성장했다.

A24의 이야기

이 독립영화 배급사는 'A24필름즈'라는 이름으로 시작했다. 엔터테인먼트 업계에서 잔뼈가 굵은 데이비드 펜켈, 데이비드 카츠, 존 호지스가 2012년에 설립했다. 사실 영화 스튜디오치고는 세련되지 못한 회사 이름이었다. 데이비드 카츠는 아우토스트라다24Autostrada24라는 고속도로를 타고 로마로 가던 중에 이 사업을 해야겠다고 '확실하게 결심'했기에, 이 고속도로의 이름을 따서 회사명을 지었다고 한다.[1] 그는 대규모 영화사가 눈여겨보지 않는 대담하고 독특한 영화를 주로 배급하는 회사를 차릴 생각이었다.[2] 이들은 2016년에 회사명을 더 간단하게 A24로 바꾸었다.[3]

엔터테인먼트 업계에서 배급업체는 완성된 영화의 판권을 구매하고, 판매를 위한 마케팅을 진행하며, 관객에게 영화를 상영하는 영화관 등의 전문 업체와 연결하는 일을 한다. A24의 설립 초기 주요 목표는 뛰어난 독립영화를 발굴하여 배급권을 확보하는 것이었다. A24는 뉴욕에 기반을 두고 2013년부터 영화를 선보이기 시작했다.

가장 먼저 선보인 영화는 〈어 글림프스 인사이드 더 마인드 오브 찰스 스완3세A Glimpse Inside the Mind of Charles Swan III〉였다. 찰리 쉰이라는 배우가 주인공을 맡았다. 여자친구에게 이별을 통보받은 후로 이상한 공상에 빠져드는 그래픽 디자이너 역할이었다. 영화 평론 사이트 로튼토마토에 따르면 비평가들은 "영화가 너무 엉망이라서 보는 사람을 지치게 하며, 이야기의 응집성도 약하다"라는 공통된 의견을 내놓았다.[4] 하지만 A24는 이 작품 덕분에 배급업체로서 제대로 자리매김했다.

얼마 지나지 않아서 〈스프링 브레이커스〉라는 코미디 범죄 영화가 처음으로 큰 인기를 얻었다. 레스토랑을 털어서 여행을 떠나는 여대생 네 명의 이야기를 다룬 작품이다. 디즈니 스타 배우인 셀레나 고메즈와 바네사 허진스가 출연하여 하모니 코린 감독의 뛰어난 예술적 감각을 잘 표현해주었다. 사건이나 장면의 순서 배열, 네온색의 시각적 스타일은 관객들에게 매우 강렬한 인상을 주었으며, 이는 그 후로 A24 영화의 주요 특징으로 자리 잡았다. 영화를 개봉하자마자 주말 관객 수가 시사회에 참석했던 인원을 넘어섰으며, 그해의 제한 상영 작품 중에서 최고 관객 수를 기록했다.[5] 미국의 문화 관련 잡지 《에스콰이어》는 이 영화를 가리켜 "최고의 명작", "이번 밀레니엄에 발표된 가장 우수한 네오누아르neo-noir 작품 중 하나"라며 찬사를 쏟아냈다.[6]

이렇게 일찍 성공 가도에 오른 것은 큰 힘이 되었다. A24는 미국의 위성방송 서비스 플랫폼인 디렉TV 시네마DirecTV Cinema 및 아마존 프라임 비디오와 계약을 체결하고 두 업체를 통해 영화를 배급하게 되었다. 이후로 여러 편의 독립영화를 배급하면서 남다르고 독특한 스타일로 명성을 얻었다.

A24의 대표작 중 하나는 2014년에 개봉한 〈엑스 마키나〉로, 인간과 인공지능의 관계를 탐구한 공상과학 스릴러 영화다. A24는 2015년 텍사스의 영화 · 음악 축제 SXSWSouth by Southwest 기간

동안 〈엑스 마키나〉의 관객을 끌어모으려고 데이트용 매칭 플랫폼인 틴더에 가짜 계정을 만들었다. 스웨덴 배우인 알리시아 비칸데르가 연기했던 에이바Ava라는 여주인공을 계정의 주인으로 내세웠다. 이 가짜 계정에는 챗봇이 연결되어 있었다. 틴더 사용자들은 앱에서 에이바와 매칭된 후 그녀와 채팅을 이어갔다. 에이바는 대화 말미에 영화를 홍보하는 인스타그램 페이지를 안내하며 사람들이 영화에 관심을 가지도록 유도했다.

또 다른 성공작은 엠마 도노휴의 베스트셀러 소설을 원작으로 한 영화 〈룸〉이다. 2015년에 개봉된 이 작품은 수년간 감금되어 있던 한 여성과 그녀의 아들이 생존해나가는 이야기를 다루고 있다. 〈룸〉은 비평가들에게도 호평받았을 뿐만 아니라 3,600만 달러가 넘는 수익을 올리는 등 흥행에도 성공했다.[7]

관객들에게 큰 호응을 얻은 또 다른 작품은 1600년대 뉴잉글랜드를 배경으로 한 초자연적 공포 영화 〈더 위치The Witch〉다. 이 작품에 대한 로튼토마토의 비평가 총평은 이러하다. "시각적으로 매력적이면서 관객의 생각을 자극하는 힘도 대단한 작품이었다. 독특한 방식으로 강렬하고도 점진적으로 공포감을 구축하여 관객을 사로잡는다. 작가 겸 영화감독인 로버트 에거스의 데뷔작이라는 점을 고려할 때, 앞으로 그에게 거는 기대가 크다."[8]

2016년에는 영화 배급에 더해 새로운 시도를 시작했다. 한 흑인 아이가 자라서 청년으로 성장해가는 과정을 다룬 영화 〈문라이트〉의 제작 자금을 전액 지원하면서 공식적인 영화제작사로 발돋움한 것이다. 연출을 맡은 베리 젠킨스는 훗날 《타임》이 선정한 세계에서 가장 영향력 있는 100대 인물에 이름을 올렸다.

그해에 A24는 처음으로 아카데미상을 받는 기쁨도 누렸다. 〈룸〉에 출연한 브리 라슨은 최우수 여우주연상을 받았고, 〈엑스 마키나〉는 최우수 시각효과상을 수상했다. 아티스트 에이미 와인하우스에 대한 다큐멘터리 영화 〈에이미〉는 최우수 다큐멘터리상을 받았다. 이러한 변화는 A24라는 브랜드에 힘을 실어주었으며, 엔터테인먼트 업계에서 한 단계 도약하는 밑거름이 되었다.

경사는 거기서 끝나지 않았다. 이듬해에는 〈문라이트〉가 오스카 작품상, 남우조연상, 각본상을 휩쓸었다. 시상식에서 있었던 일화도 나중에 유명해졌는데, 수상자인 워런 비티와 페이 더너웨이가 엉뚱하게도 로맨틱 뮤지컬 영화인 〈라라랜드〉를 최우수상 수상작으로 발표하여 논란이 발생했다. 비티가 받은 봉투에 잘못된 정보가 들어있어서 생긴 일이었다. 몇 분 후에 상황이 일단락되고, 젠킨스 감독이 간단한 시상 소감을 발표했다. 후에 젠킨스는 "이런 일은 난생처음 본다"라며 결과가 바뀌었을 때 정말이지 말문이 딱 막혔다고 말했다.[9]

축하할 일은 그 후에도 계속 이어졌다. A24의 대표작으로는

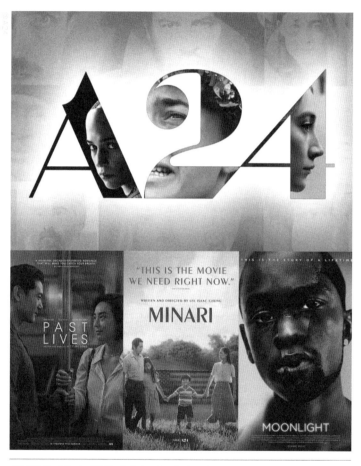

감각적인 연출과 강렬한 메시지로 늘 화제를 사는 A24의 작품들. 혁신을 멈추지 않은 덕에 완성도와 팬덤이라는 두 마리 토끼를 잡았다.

2017년에 공개된 영화 〈레이디 버드〉와 2018년에 발표된 심리 공포 영화인 〈유전〉이 있다. 〈유전〉은 A24가 대중적인 관객에게 다가간 첫 번째 흥행작이었기에 "A24를 이 세상에 제대로 알려 준 작품이라고 해도 과언이 아니다"라는 평을 얻었다.[10] 2018년 은 A24가 다년간 애플을 위한 영화를 제작한다는 내용의 계약을 체결함으로써 상업적으로도 큰 성공을 거둔 시기다.

또 주목할 만한 개봉작으로는 2019년에 개봉한 공포 영화 〈미드소마〉가 있다. 배우 플로렌스 퓨와 잭 레이너가 한여름에 열리는 스웨덴의 축제로 여행을 떠나는 불운한 미국인 커플 역을 맡았다. 같은 해에 범죄 스릴러 영화 〈언컷 젬스〉도 선보였는데, 여기서는 배우 애덤 샌들러가 범죄 중독에 걸린 보석상으로 등장 한다.[11]

성공과 실패

현재까지 A24에서 만든 최대 성공작은 말레이시아인 배우 양자경 이 출연한 〈에브리씽 에브리웨어 올 앳 원스〉다. 2022년에 개봉 한 이 멀티버스 어드벤처 영화는 관객과 비평가 모두에게 찬사를 받았으며, A24 사상 최고가인 1억 1천만 달러가 넘는 흥행수익을 가져다주었다.[12] 로튼토마토는 이 영화를 가리켜 '매우 정교하게 만들어진 경험을 통해 모든 감각을 압도하는 작품'이라고 평가했다.[13]

A24는 2023년 아카데미 시상식에서 모두가 탐내는 오스카상을 9개 부문에서 9번이나 받았다. 〈에브리씽 에브리웨어 올 앳 원스〉가 작품상과 감독상, 여우주연상, 남우조연상과 여우조연상, 편집상, 각본상 등 7개의 상을 받았고, 2022년 개봉한 또 다른 A24 작품인 〈더 웨일〉에 출연한 브렌든 프레이저도 남우주연상을 차지했다. 대런 애러노프스키 감독이 연출한 이 작품은 심각할 정도로 비만 상태인 어느 영어 교사가 10대 딸과 소원해진 관계를 극복하려고 노력하는 이야기로, 브렌든 프레이저가 맡은 배역에 맞게 완벽히 변신한 덕분에 분장상을 받았다.[14]

이러한 성공에 힘입어 선보인 영화 〈존 오브 인터레스트〉는 2024년 아카데미 시상식에서 최고의 장편국제영화상과 음향상을 받았다. 이 작품은 아우슈비츠 사령관 루돌프 헤스의 이야기를 다룬 홀로코스트 영화로, 조나단 글레이저 감독이 연출했다.

영화제작 및 배급 업무 외에도 A24는 2015년부터 텔레비전 부문도 운영하면서 〈플레잉 하우스Playing House〉, 〈카마이클 쇼The Carmichael Show〉와 같은 시트콤과 넷플릭스 미니시리즈 〈성난 사람들〉을 선보였다. 〈성난 사람들〉은 난폭 운전으로 인한 사고 이후 두 운전자 사이에 이어지는 불화와 사건들을 그린다. 에미상을 받은 드라마 〈유포리아〉 시리즈도 A24가 제작했다.

A24는 다년간 아리 애스터, 보 번햄, 로버트 에거스, 조나 힐, 그리고 다니엘 콴Daniel Kwan과 다니엘 쉐이너트Daniel Sheinert(두 사람은 '다니엘스The Daniels'로 알려져 있음)를 비롯한 여러 감독에게 첫 연출 기회를 주거나 경력을 쌓게 도와주었다. 그중에서 배우에서 감독으로 전향한 그레타 거윅은 〈레이디 버드〉를 통해 감독으로 데뷔하고, 2023년에 〈바비〉라는 코믹 판타지 영화를 연출해 10억 달러가 넘는 수익을 올렸다.[15] A24는 재능이 출중한 연기자를 양성하고, 재능만 있다면 신예 스타와 기성 배우를 가리지 않고 누구나 캐스팅하는 것으로 잘 알려져 있다. 오스카상 수상자인 덴젤 워싱턴과 호아킨 피닉스도 A24가 제작한 작품에 출연한 스타 배우들 중 하나다.

물론 A24가 출시한 영화나 텔레비전 프로그램이 하나도 빠짐없이 다 성공한 것은 아니다. 믿기 어려울 정도로 대실패로 끝난 경우도 있었다. 2015년에 개봉한 〈더 블랙코트 도터The Blackcoat's Daughter〉는 최악의 결과를 부른 공포 영화가 되고 말았다. 엠마 로버츠가 주연을 맡았는데도 수익은 3만 8천 달러에 그쳤다.[16] 또한 뉴욕에 자리 잡은 중국 이민자의 이야기를 다룬 작품 〈무법 도시 Revenge of the Green Dragons〉는 2014년 개봉 후 대다수 비평가에게

쓴소리를 들어야 했다.

　한편 2023년 말에는 A24가 예술영화에 매진하던 기존 방향을 버리고 블록버스터 상업영화에 매진할 계획이라는 보도가 나왔다.[17] 사실 이러한 변화는 A24의 비즈니스 모델에 상당한 위험을 초래할 수 있다. 특히 성공적인 상업영화를 만들지 못했을 경우 더욱 그러하다. 프랑스의 오덴시아경영대학원에서 문화 및 미국 문명을 가르치는 앤드류 테일러 교수는 다음과 같은 의견을 제시했다. "아주 짧은 기간 동안 A24는 자신만의 정체성을 확립하고 영화업계에서 틈새시장을 찾아냈습니다. 지금까지 이런 성과를 올릴 수 있었던 것은 남들과 달랐기 때문입니다. 그런데 이제부터 블록버스터 영화를 만들고 싶어 한다면, 기존의 충성스러운 팬들은 이를 현실에 대한 타협으로 여기거나, 더 심하면 배신행위로 생각할 것입니다."

성공 비결

2023년 5월, 미국의 뉴스 및 사설 웹사이트인 복스Vox는 A24가 "지난 10년간 제일 독특하고 흥미진진한 영화와 TV 프로그램"을 제작했다고 칭찬을 아끼지 않았다.[18] 소규모의 배급사였던

A24는 어떻게 할리우드를 장악할 정도로 강력한 독립영화 전문 스튜디오로 성장할 수 있었을까?

처음에는 영화제작보다 배급에 중점을 두는 방식으로 브랜드를 성장시켰다. 전략적 관점에서 보자면, 영화를 처음부터 제작하는 것보다 영화를 사서 배급하는 것이 훨씬 저렴하므로 매우 현명한 방법이었다. A24는 독립영화 배급업체 중에서 최고라는 평가를 받음으로써 엔터테인먼트 업계에서 좋은 평판을 얻었다. 이렇게 해서 A24는 위험이 크고 비용도 많이 드는 영화제작에 본격적으로 뛰어들기 전에 이미 탄탄한 입지를 다졌다.

엔터테인먼트 뉴스만 전문적으로 다루는 웹사이트 벌처Vulture의 선임작가 네이트 존스에 따르면 A24의 설립 원칙은 크게 두 가지로 정리된다. 첫 번째는 영화제작자에게 전례 없이 창의성을 마음껏 펼칠 자유를 허용한다는 것이다. 덕분에 A24는 매우 독특하고 개성이 강한 영화를 확보하게 되었고, 자신의 예술적 비전을 마음껏 후원해주기를 바라는 재능 있는 신예 감독들 사이에서 명성을 얻었다. 두 번째 원칙은 옥외광고판과 같은 기존의 마케팅 채널을 과감히 버리고 바이럴 마케팅이나 입소문처럼 훨씬 저렴한 마케팅 방법을 활용하는 것이다.[19] A24는 소셜 미디어를 활용하여 입소문을 만들고 사람들의 관심을 유도하며, 다양한 채널에 사람들의 호기심을 자극하는 티저 영상이나 예고편을 공개한다.

〈엑스 마키나〉에 등장하는 인공지능 로봇인 에이바를 내세워 가짜 틴더 계정을 만든 것은 가히 천재적인 마케팅 전략이었다. 이 방법으로 많은 사람이 영화에 흥미를 갖게 되었고, A24라는 브랜드는 한 푼도 들이지 않고 주요 헤드라인을 차지했다. 그전에도 소셜 미디어를 통한 바이럴 마케팅에 크게 성공한 적이 있었다. 〈스프링 브레이커스〉의 주연 제임스 프랭코와 다른 출연진들의 사진을 합성해 레오나르도 다 빈치의 〈최후의 만찬〉이 떠오르는 이미지를 만들어 페이스북에 올린 것이다. 이 사진은 '좋아요' 60만 개를 받았는데, 2013년 당시로서는 매우 파격적인 기록이었다. 이렇게 캠페인이 대성공을 거두자, 마케팅 컨설팅 업체 엔터테인먼트 리서치앤마케팅의 설립자 게리 페이버는 〈스프링 브레이커스〉를 가리켜 '소셜 미디어를 통한 홍보에 최초로 성공한 작품'이라고 평가했다.[20]

소셜 미디어로 진행한 색다른 실험 외에도 A24는 브랜드 인지도를 높이기 위한 여러 마케팅 방법을 시도했다. 예를 들어 블로거나 기자, 팬들에게 선물을 보내는 식인데, 그중에서도 스티커와 버튼을 넣은 〈레이디 버드〉 관련 선물 세트가 대표적이었다. 2014년에는 〈터스크〉라는 공포 영화를 홍보하려고 (대마초가 합법인) 로스앤젤레스의 대마초 소매업체와 제휴하여 특별히 브랜딩한 마리화나 두 종류를 제작했다.[21]

A24는 마케팅 전략을 세울 때 방대한 데이터와 분석 결과를 활용한다. 특히, 관객의 행동을 분석하고 시장조사를 실시하여 최신 트렌드와 사람들의 선호도를 파악한다. 이러한 조사 결과를 바탕으로 영화 출시일, 홍보 전략, 프로젝트 이행 순서 등을 신중하게 결정한다. 이처럼 데이터 기반의 홍보 전략을 시행하기 때문에 불꽃 튀는 경쟁이 벌어지는 영화업계에서 경쟁사보다 한발 앞서 나갈 수 있는 것이다.

뛰어난 마케팅 전략으로 업계에 큰 파장을 일으켰을 뿐만 아니라, 다양한 자선 활동으로 기사 헤드라인을 차지하기도 했다. 2023년에는 〈에브리씽 에브리웨어 올 앳 원스〉에 사용된 의상과 소품을 경매하여 55만 달러 이상의 수익을 얻었다. 수익금은 해당 영화를 공동 연출한 두 명의 감독이 선정한 자선단체 세 곳에 나누어주었다.[22]

영화를 제작할 때 A24는 저예산 대량 제작 방식을 고수한다. 덕분에 그들은 더 큰 위험을 감수할 수 있고, 이론적으로 보자면 더 높은 수익 마진을 얻을 수도 있다. 평균적으로 볼 때 A24는 영화 한 편당 예산을 1,500만~2천만 달러로 잡고, 매년 18~20편을 개봉하고 있다. 다른 곳과 비교해보면, 디즈니는 2022년에 16편의 영화를 개봉했으며 워너브러더스는 고작 15편을 개봉했다. 2022년에 가장 큰 수익을 올린 영화인 〈아바타: 물의 길〉은 23억 달러 이상의 수익을 벌어들였으며 제작비는 약 2억 5천만 달러로 추정된다. 대부분의 영화제작사는 어떻게든 영화를 통해 수익을 올려야 하지만, A24는 매년 한두 작품만 상업적으로 성공하면 수지를 맞출 수 있다.[23]

물론 A24의 영화가 모든 사람의 취향에 맞지는 않을 수 있다. 하지만 대체적으로 작품의 완성도가 높다는 평가가 꾸준히 이어지고 있으며, 실제로 아카데미상과 같은 권위 있는 상을 여러 차례 받았다. 또한 A24는 다양한 감독 및 배우와 협력하면서 여러 관객과 널리 소통하기 위해 노력한다. 이들은 최신 문화 트렌드에 민감하게 반응하며 사회적으로 외면당하는 사람들의 목소리에 귀를 기울인다. 학대, 동성애, 인종차별과 같은 중요한 사회적 문제에 관심을 두고 관객들로 하여금 이런 주제를 깊이 생각하게 만든다. 다양한 주제를 독창적으로 다루기에 A24의 영화는 할리우드 영화에 흔히 등장하는 정형화된 플롯이 아니라 창의적인 아이디어를 보여준다는 호평을 얻고 있다. 그들의 목표는 상업적으로도 흥행하고 비평가에게도 좋은 평가를 받는 것이다. 이제는 텔레비전 프로그램 제작에도 참여하여 이 분야에서도 입지를 착실히 다지고 있다.

오덴시아경영대학원 앤드류 테일러 교수는 A24가 '시대정신을 반영'하고 '영화관을 찾는 관객 집단을 매우 구체적으로 정해서 겨냥'한 덕분에 큰 성공을 거두었다고 말한다. 그뿐만 아니라 다양성이라는 주제를 추구하고 이를 위해 노력한다는 점을 지적하며, 그중에서도 〈에브리씽 에브리웨어 올 앳 원스〉의 획기적인 성공을 높이 평가한다.

테일러 교수는 다음과 같이 설명한다. "할리우드가 다양성을 인정한다는 점을 보여주려고 노력하는 시기에 A24가 여러 나라 출신의 배우들이 등장하는 영화를 선보인 것은 매우 시기적절합니다. 영화를 공동 연출한 다니엘 콴 감독도 아시아계 미국인입니다. 게다가 이 작품의 대사에는 영어 외에도 표준 중국어와 광둥어도 나옵니다. 그래서 요즘 같은 시기에 할리우드에서 극찬할 만한 완벽에 가까운 작품이 탄생한 거죠."

테일러 교수는 〈에브리씽 에브리웨어 올 앳 원스〉가 "틱톡 세대가 만들어낸 산물로 봐도 무방"하다고 여긴다. "요즘 젊은 사람들은 틱톡이나 유튜브와 같은 플랫폼에서 숏폼 격의 아주 짧은 영상을 자주 보기 때문에 주의 집중 시간이 매우 짧은데, 이 작품은 편집 방식에 그 점을 반영하고 있어요. 장소와 시간이 정말 자주 바뀌기 때문에 틱톡 같은 플랫폼에 아주 잘 어울리는 영화입니다. 이런 방식으로 기존 할리우드의 고전적인 편집 방식을 탈피하여 Z세대에 딱 맞는 영화가 만들어진 겁니다."

위험을 감수하지 않았다면 A24는 성공하지 못했을 것이다.

이들은 초기부터 기성 할리우드 스튜디오에서는 손사래를 칠 만한 파격적이고 혁신적인 프로젝트를, 위험을 감수하고서라도 감행했다. 이들은 프로젝트가 매번 성공할 수 없다는 점을 알고 있었으며, 잘 계산해보고 적절한 수준에서 위험을 감수한다면 일부 프로젝트는 성공할 거라고 믿었다. 그래서 A24의 영화 카탈로그에는 비평가들에게 찬사를 받은 박스오피스 흥행작과 화려하지만 흥행에 실패한 작품이 어깨를 나란히 하고 있다.

A24가 새로운 문화를 개척했다는 평을 얻고 있는 중요한 이유는 순수함과 용기를 앞세워 예술적으로 새로운 시도를 했기 때문이다. A24는 독특하고, 기발하고, 때로는 이상해 보이는 방식으로 '기존과 다른' 영화를 제작하여 취향의 경계를 확장했다. 이들의 영화는 놀라운 시각적 자극을 제공하며 화려한 볼거리도 담겨있다. 이처럼 독특한 브랜드만의 장점이 있기에 요즘처럼 특히 젊은 관객이 급감하는 시대에도 많은 사람의 발걸음을 영화관으로 이끌 수 있었다.

현재 A24는 영화 및 텔레비전 프로그램 제작사로서 크게 성공을 거두었을 뿐만 아니라, 대중에게 널리 사랑받으며 높은 인지도를 자랑하는 라이프스타일 브랜드로 자리 잡았다. 티셔츠, 후드티, 모자 등의 자체 상품을 개발해 영화 애호가들의 브랜드 충성도를 강화했다. 선물 포장지, 머그잔, 반려견 목줄이나 목걸

이도 판매한다. 한때 유명 배우나 감독을 열렬히 지지하는 팬들이 있었던 것처럼 A24를 하나의 종교처럼 따르고 열광하는 팬들역시 수없이 많다.

위험을 감수하더라도 창의성을 높이고자 노력하라.

혁신은 사실 위험 감수와 같은 표현이다. 남다른 결과를 얻으려면 기꺼이 위험을 감수하고 그러한 시도에서 배울 점을 찾아야 한다.

창의성을 중요하게 생각하라.

A24는 연출자가 추구하는 예술적 비전을 적극적으로 지원한다. 연출가를 전적으로 믿어주면 그들은 힘을 내어 창의력을 충분히 발휘하게 된다.

생각의 다양성을 적극 수용하라.

A24라는 브랜드는 폭넓은 대중적 지지를 받고 있다. 다양한 집단 및 여러 가지 관점을 가진 사람들과 밀접하게 얽혀있기 때문이다.

품질을 가장 중요하게 여겨라.

A24는 회사를 설립한 지 불과 5년 만에 아카데미 시상식을 휩쓸었다. 이는 질 높은 영화를 제작하는 데 모든 것을 쏟아부었기 때문이다.

남들과 다른 방식으로 브랜드에 생기를 불어넣어라.

겉으로는 당신의 브랜드가 반려견 목줄과는 아무런 관련이 없는 것처럼 보일 수 있다. 하지만 혹시 그것이 브랜드를 고객의 일상에서 중요한 요소로 자리 잡게 할 수 있는 방법이 될지, 누가 알겠는가?

02

에어비앤비

엉뚱한 아이디어로
여행업계 거물이 되기까지

에어비앤비는 명실공히 세계 최고의 숙소 공유 플랫폼이다. 지금까지 호스트 이용자는 500만 명이 넘었으며, 게스트는 15억 명을 돌파했다. 게스트는 220개 이상의 국가, 약 10만 개의 도시나 마을에서 숙소를 찾을 수 있다.[1] 스마트시티형 아파트, 해변이 내려다보이는 빌라와 시골집은 물론이고 복원된 풍차, 친환경 하우스보트, 헬리콥터를 개조한 숙소에 이르기까지 다양한 숙박 옵션을 제공한다. 2024년 1월 기준으로 에어비앤비에는 700만 개가 넘는 숙소가 등록되어 있다. 전 세계적으로 6,800명이 넘는 직원이 근무하고 있으며, 2022년 회계연도에는 84억 달러의 매출을 기록했다.[2]

에어비앤비의 이야기

2007년 10월, 디자인스쿨을 졸업하고도 일자리를 찾지 못한 브라이언 체스키와 조 게비아는 월세를 낼 방도를 찾아야 했다. 둘은 샌프란시스코 도심에서 디자인 콘퍼런스가 열리는 동안 자신들의 아파트에서 에어매트리스 몇 개를 빌려주고 아침식사도 제공해주는 아이디어를 생각해냈다.[3] 두 사람은 콘퍼런스 참석자들이 찾아볼 만한 디자인 관련 블로그에 아파트 홍보 글을 남기고, 숙소 제공 서비스를 관리하는 웹사이트를 만들어 '에어베드 앤드 브렉퍼스트AirBed & Breakfast'라고 이름 지었다. 처음에 그들은 배낭을 메고 여행하는 히피족이 관심을 보일 거라고 예상했지만, 의외로 첫 번째 숙박 고객은 빠듯한 예산에 시달리던 전문 디자이너들이었다.[4]

체스키와 게비아는 첫 시도의 성공에 힘입어, 남는 방을 빌려주고 손님들에게 돈을 받을 수 있는 서비스를 시작하기로 했다. 그리고 게비아의 예전 룸메이트로 코딩 실력이 뛰어난 네이선 블레차르지크를 영입했다. 세 사람은 2008년 3월 텍사스에서 열린 SXSW에서 에어베드 앤드 브렉퍼스트라는 새로운 웹사이트를 공식적으로 선보였다.[5] 그해 후반부에 이들은 덴버에서 열린 민주당 전당대회 참석자를 대상으로 80건의 예약을 확보했다. 결제

대금을 수령하고 리뷰를 남기는 웹사이트 시스템도 이미 마련되어 있었다. 그들의 목표는 호텔을 예약하는 것만큼 손쉽게 다른 사람의 집에 방을 예약하게 도와주는 웹사이트를 만드는 것이었다.[6]

초기에는 에어비앤비의 사업 방식이 너무 이상하고 위험하다고 생각하는 사람들이 많아서, 투자를 유치하는 것이 몹시 어려웠다. 하지만 에어비앤비는 그들의 시선에 아랑곳하지 않고 2008년 10월에 당시 대선 후보였던 버락 오바마와 존 매케인의 이름을 따서 '오바마 오즈Obama O's'와 '캡틴 맥케인스Cap'n McCain's'라는 가상의 시리얼 브랜드를 선보여 언론의 시선을 끌고 자금을 확보했다.

이처럼 과감하게 시도한 덕분에 에어비앤비는 유명한 와이콤비네이터의 스타트업 액셀러레이터 프로그램에 참여하게 되었다. 파일 공유 서비스 업체인 드롭박스, 암호화폐 거래소 코인베이스, 소셜 네트워크 레딧과 같은 여러 성공적인 기술 기업의 출시를 도운 것으로 잘 알려진 이 프로그램에 입성한 것은 에어비앤비에 새로운 전환점이 되었다. 초기 자금 2만 달러를 확보했을 뿐만 아니라, 귀중한 인맥, 정보 및 지원을 풍성하게 누리게 되었기 때문이다.[7]

와이콤비네이터에 합류한 후로 에어비앤비의 공동 창립자

들은 대부분의 숙소가 뉴욕에 밀집되어 있던 비즈니스 모델을 개편했다. 그들은 호스트에게 전문가 수준의 숙소 사진을 올리게 했다. 또한 여분의 침대가 있어도 반드시 에어매트리스를 내주고 아침 식사를 제공해야 한다는 규칙도 없애버렸다. 남는 방에 국한하지 않고 집 전체를 빌려주는 것도 가능하게 만들었다. 2009년 3월부터는 방 하나가 아니라 집 전체를 임대하거나 휴가철을 겨냥한 임대 서비스를 제공함에 따라, 회사명을 에어비앤비로 변경하게 되었다.[8]

2009년에는 에어비앤비의 총자산이 훌쩍 증가했다. 도움을 준 투자자가 많았지만, 무엇보다도 애플, 구글, 오라클과 같은 거대 기술 기업에 투자했던 벤처 캐피털 회사인 세쿼이아에게서 58만 5천 달러를 투자받은 것이 큰 힘이 되었다. 세쿼이아 덕분에 에어비앤비가 성공한 것이라 해도 과언이 아닐 정도였다. 2009년 8월에 에어비앤비의 기업가치는 240만 달러였으며, 매주 에어비앤비 플랫폼에 들어오는 예약 거래액은 10만 달러에 육박했다.[9] 이듬해에 에어비앤비는 720만 달러를 추가로 투자받아 직원 고용을 확대하고 해외 서비스를 개선했다. 또한 고객이 더 빠르게 당일 예약을 할 수 있도록 도와주는 앱을 출시했다. 공식적으로는 고작 2년밖에 안 된 스타트업이었지만, 에어비앤비는 이미 '매우 인상적인 성공 사례'라는 평가를 얻었다.[10]

에어비앤비는 여행객의 필요를 채워주는 기업으로 자리매김하려면 세계시장에 진출해야 한다는 점을 잘 알고 있었다. 그래서 2011년에는 본격적으로 세계로 사업을 확장했다. 우선 학생들이 자기 아파트나 여분의 침대 및 소파를 다른 학생에게 임대할 수 있게 도와주는 독일의 플랫폼 서비스 아콜레오를 인수했다. 그 무렵까지 플랫폼을 통해 진행된 예약은 숙박 일수로 치자면 180만 일이 넘었고, 매일 1천여 개의 임대용 부동산이 새로 등록되었다. 에어비앤비의 CEO인 체스키는 《파이낸셜 타임스》와의 인터뷰에서 회사가 유럽으로 '매우 공격적인' 확장을 시도하고 있으며 에어비앤비야말로 '이베이의 뒤를 잇는 차세대 시장'이라고 주장했다. 한편 그들은 새로운 투자자를 모집하여 기업가치를 무려 10억 달러로 높였다.[11]

이렇게 빠른 속도로 성장했기에 성장통은 불가피했다. 에어비앤비의 고민거리는 호스트가 될지 말지 고민하는 사람들에게 낯선 사람을 집에 재우는 것이 안전하다는 점을 이해시키는 것이었다. 2011년까지는 안전에 관한 의문이 제시되면 호스트와 게스트의 개인 프로필, 사진을 공개하고 양측이 모두 리뷰를 남기게 하는 방식으로 대응했다. 그런데 2011년 6월에 한 여성이 에어비앤비 손님이 자기 아파트를 망가뜨리고 보석, 출생증명서, 사회보장카드를 훔쳐 갔다는 글을 블로그에 올렸다. 이 글은 금세 사람들의 이목을 끌었고 결국 에어비앤비는 심각한 위기에 봉착했다. 결국 회사는 이러한 피해로부터 호스트를 보호하기 위해 5만 달러 상당의 보증 제도를 도입했다. 이듬해에는 보증액이 10만 달러로 인상되었으며 지금은 무려 300만 달러다.[12]

2014년에는 대대적인 리브랜딩을 시행하여 '모두가 어디에서나 소속감을 느끼며 편하게 지낼 수 있는 세상을 만들자'라는 강력하고 새로운 미션을 채택했다. 여행의 전 과정을 책임지는 엔드투엔드end-to-end 여행 플랫폼을 만들겠다는 의지를 드러낸 것이기도 했다. 그들은 소속감이라는 개념을 강조하기 위해 하트 모양과 장소를 의미하는 핀 모양, 그리고 에어비앤비의 첫 글자 A를 결합해 '벨로Bélo'라는 독특한 로고를 새로 선보였다.

에어비앤비는 고객의 여행 전반을 책임지고자 하는 의지를 보여주기 위해 2016년 '에어비앤비 체험' 서비스를 도입했다. 전 세계 현지 호스트가 기억에 남을 만한 활동을 기획하는 이 서비스는 여행객들이 여행지에서 활동하는 장인이나 여러 전문가와 직접 소통할 기회를 제공한다. 도시 관광, 콘서트, 요리, 패들보드, 암벽등반, 마음챙김 워크숍과 같이 다양한 관심사를 폭넓게 아우르는 활동이 마련되어 있다.

2017년에는 중국에서 '아이비잉Aibiying'이라는 이름으로 브랜드를 출시하여, 중국 인구 14억 명을 대상으로 숙소 공유 플랫폼에 대한 인지도를 높이는 대대적인 마케팅을 시행했다. 아이비잉은 '사랑으로 서로를 환영한다'는 뜻으로, '색다른 여행'을 추구하는 중국의 밀레니얼 세대가 주요 타깃이었다.[13]

한편, 일부 고객이 한층 수준 높은 서비스를 선호한다는 점을 파악한 에어비앤비는 2019년에 '에어비앤비 럭스'라는 고급 서비스를 시작했다. 그들의 목표는 모든 사람이 개인 맞춤형 여행을 한층 손쉽게 즐기도록 돕는 것이었다. 럭스에서 예약한 고객은 개인용 섬이나 할리우드 힐스의 맨션과 같은 고급 부지를 자유롭게 선택할 수 있었다.

2019년에도 에어비앤비는 여전히 적자였지만, 4억 달러 이상을 들여 당일 예약이나 체크인 시간 직전에 호텔 예약을 도와주는 호텔 투나잇이라는 앱을 인수했다. 이 앱의 가치는 약 400억 달러까지 올랐으며, 9월에는 이듬해에 기업을 상장할 것이라는 계획을 밝혔다. 하지만 에어비앤비가 예상하지 못한 것도 있었다. 바로 코로나19가 세계적으로 유행하며 숙박업에 돌이킬 수 없는 파장을 불러오리란 사실이었다.

2020년이 되자 각국 정부가 봉쇄정책을 시행하고 여행을 제한함에 따라 단기 임대 숙소를 찾는 고객이 급감했다. 이러한 제한 정책이 완화된 후에도 호스트와 게스트 양측은 에어비앤비를 사용하는 것에 불안을 느꼈다. 매년 성장하던 에어비앤비였지만 예약은 급감했고, 2019년 대비 회사 수익은 29.7퍼센트나 감소했다.[14] 2020년 5월에는 직원의 4분의 1을 해고해야 했다. 체스키는 회사 웹사이트를 통해 '매우 슬픈 소식'이라는 표현을 사용하여 해고 결정을 발표했다.[15]

하지만 그들은 팬데믹을 좋은 기회로 삼아 혁신을 시도하고 믿을 만한 서비스업체라는 평판을 더욱 공고히 했다. 우선 호스트가 줄어든 수입을 어느 정도 보완할 수 있도록 온라인 체험 서비스를 새로 출시했다. 또한 청소 규칙을 한층 강화했다. 숙박 공간을 적정 수준까지 청소하고 소독할 수 있도록 호스트가 반드시 따라야 할 단계를 간략히 제시한 것인데, 이는 에어비앤비 숙소의 안전성에 대한 신뢰를 높이는 데 도움이 되었다.

시장 상황이 매우 열악한 데다 2020년 9월에는 대규모 데이터 침해라는 당혹스러운 일도 겪었지만, 에어비앤비는 고삐를 늦추지 않고 IPO(기업공개)를 추진했다. 12월에 나스닥증권거래소에 상장되었고, 1천억 달러가 넘는 가치평가액으로 2020년 기준으로 미국 중 최대 규모 IPO 실적을 기록했다.[16] 2021년이 되자 다시 여행을 떠나고 싶어 안달이 난 사람들이 많아지면서 회사 수익이 거의 60억 달러까지 올라갔다. 코로나19가 대유행하기 전과 비교하면 20퍼센트 가까이 증가한 것이었다. 이듬해 총매출액은 84억 달러였으며 개업 이래 처음으로 19억 달러의 순수익을

기록했다. 체스키는 2022년이 '에어비앤비에게 또 하나의 놀라운 해'였다고 말했다.[17]

이렇게 수년에 걸쳐 에어비앤비는 아주 작은 스타트업에서 수십억 달러 규모의 국제적인 기업으로 변모했다. 그럼에도 그들은 기본에 충실하고 초심을 잃지 않으려고 노력한다. 2023년 높은 인플레이션으로 세계적으로 생계 위기가 극에 달했을 때, 집 전체가 아닌 개인용 침실을 단기 임대하는 서비스 '에어비앤비 룸Airbnb Rooms' 이니셔티브를 도입해 주방, 거실, 정원 등 공유 공간을 함께 이용할 수 있는 숙소를 포함한 100만 개가 넘는 개인용 침실을 홍보했다. 에어비앤비 룸은 개인용 방을 빌린 게스트가 호스트와 함께 생활하면서 저렴하고 진정성 있는 숙박 서비스를 누리는 동시에 현지인처럼 숙소 주변 환경도 경험하게 해주는 서비스다. 체스키는 새로운 서비스를 이렇게 설명한다. "에어비앤비 룸을 통해 우리는 처음 회사를 설립할 때 내세웠던 공유라는 콘셉트로 다시 돌아가고자 합니다."[18]

새로운 도전 과제?

에어비앤비를 칭송하는 사람들이 수백만 명이 넘지만, 어떤 사람들은 에어비앤비를 저주처럼 느끼기도 한다. 이들의 비즈니스 모델은 세계 여러 나라의 도시 당국과 갈등을 빚었다. 도시 측에서는 에어비앤비가 사람들에게 영구적으로 주택을 제공하는 것이 아니라 여행객에게 숙소를 임대하도록 권장하므로, 결국 주택 부족 현상을 초래한다고 주장한다. 실제로 주택 부족 현상이 심화되면서 임대료가 크게 상승하여 현지인들이 도심에서 더 먼 곳으로 밀려나게 되자, 에어비앤비를 향한 원망도 더욱 커지고 있다. 바르셀로나, 파리, 런던, 도쿄, 밴쿠버, 그리고 에어비앤비의 본고장인 샌프란시스코와 같은 주요 대도시에서는 단기 숙소 임대 서비스에 대한 제한 정책을 시행하고 있다. 이들은 단기 임대를 완전히 금지하거나, 주택 한 채당 1년에 최대 임대할 수 있는 일수에 제한을 둔다.

뉴욕시는 주택 부족 문제를 해결하기 위해 2023년 9월에 새로운 법을 시행했다. 1회당 30일 미만으로 임대하는 숙소의 경우 호스트가 집을 비워서는 안 된다는 규정이다. 이전에 뉴욕은 에어비앤비를 포함한 숙박 예약 플랫폼의 핵심 시장이었다. 불과 3개월 전만 하더라도 단기 임대용으로 등록된 부동산이 2만 개가 넘었다. 하지만 이 법이 시행된 후 단기 임대 부동산은 77퍼센트나 감소하여 약 4,600개로 줄어들었다. 에어비앤비는 이 법이 그들의 사업에 '사실상의 금지령'을 내린 것이라고 주장한다.[19]

주택 시장에서 에어비앤비의 역할을 둘러싸고 논란이 이어지자, 회사 내에서도 진지한 성찰의 목소리가 등장하여 비즈니스 모델에 대한 재평가가 이루어졌다. 2023년 10월에《파이낸셜 타임스》와의 인터뷰에서 체스키는 앞으로 장기 주택 임대 서비스를 추진하고, 다양한 체험을 제공하는 데 더욱 집중할 것이며, 차량 대여 사업에 도전할 수도 있다고 말했다. 그는 "에어비앤비의 최대 도전 과제는 여행 분야를 넘어서는 것"이라며 앞으로 에어비앤비가 사람들의 일상생활에 더 큰 부분을 차지하게 될 것임을 시사했다.[20]

성공 비결

단기 숙박 임대업 분야를 뒤흔든 에어비앤비의 놀라운 성공을 통해 한 가지 배울 점이 있다. 시장에 가장 먼저 진입해야만 성공하는 건 아니라는 사실이다. 남들보다 더 나은 콘셉트를 추구하는 일이 더 중요하다.

에어비앤비는 소위 말하는 '공유경제'의 선두 주자로서 비즈니스 모델이 매우 명확하고 간단하다. 숙소를 빌려주려는 사람과 이용하려는 사람을 연결해주고, 중간 과정에서 수수료를 받는다.

표준화된 숙박 경험에서 벗어남으로써 성공을 거둔 에어비앤비. 아파트, 빌라, 펜션, 어디든 에어비앤비의 주인공이 될 수 있다.

이렇게 하면 호스트는 사용하지 않는 공간을 효율적으로 활용하여 수익을 창출하며, 숙박비, 이용 가능한 범위 및 숙소 사용 규칙도 직접 정할 수 있다. 한편 게스트는 국내외를 구분하지 않고 매우 다양하게 제공되는 숙소 옵션들을 자유롭게 선택할 수 있고, 진정성 있고 독특한 여행 경험을 얻을 수 있다. 일반 호텔에 투숙하는 것과는 여러 가지 측면에서 색다른 경험이다. 체험 서비스도 에어비앤비의 다양성을 높여준다. 회사와 호스트에게 새로운 수익을 창출해주는 것은 물론이고, 게스트는 여행 목적지에 온전히 몰입하는 시간을 보낼 수 있다.

스위스 로잔호텔경영대학교의 학장 겸 전무이사인 이네스 블랄 박사는 다음과 같이 말한다. "에어비앤비가 시장에 진출했을 때, 대다수 숙박시설은 획일적이며 표준화되어 있어 어디에서 묵든 숙박 경험은 비슷한 결과를 낳았다. 이 점은 지금도 크게 달라지지 않았다. 호텔업계는 효율성을 높이는 동시에 여행자의 필요를 충족하기 위해 표준화된 서비스를 제공한다. 하지만 여행객은 현지만의 독특함이 느껴지며 개별화된 숙박시설로 눈을 돌리고 있다. 에어비앤비는 단독으로 이러한 틈새시장을 공략한 것이다."

에어비앤비는 특히 '네트워크 효과'를 십분 활용해 전 세계로 빠르게 사업을 확장했다. 플랫폼에 자신의 숙소를 등록하는 호스트가 늘어날수록 게스트의 선택의 폭이 넓어지고, 해당 숙소를 선호하는 게스트는 더 큰 호감을 느끼게 된다. 또한 반대로 플랫폼을 찾는 게스트가 늘어날수록, 자신의 숙소를 등록하려는 호스트가 늘어난다. 이러한 선순환은 계속 이어진다.[21] 해외여행을 떠나 에어비앤비 숙소를 사용해본 게스트는 집에 돌아온 후에 자기 집을 제공하는 호스트가 되는 경우가 많은데, 이 또한 에어비앤비 브랜드가 국제적으로 널리 알려지는 데 이바지했다. 지금은 에어비앤비 숙소를 사용한다는 개념이 너무나 잘 알려져 있어서, '에어비앤비'라는 단어 자체를 공간을 빌린다는 의미의 동사로 사용하기도 한다.

에어비앤비는 독자적인 아이디어가 아니었다. 에어비앤비가 출시할 무렵에 카우치서핑Couchsurfing이나 홈어웨이HomeAway(현재는 브르보Vrbo로 이름이 바뀜) 같은 단기 대여 서비스를 제공하는 웹사이트는 이미 수두룩했다. 하지만 에어비앤비는 사용자에게 훨씬 편리한 온라인 경험을 제공하는 등 기술을 효과적으로 활용하여 기존 경쟁사를 제칠 수 있었다. 에어비앤비가 기술을 영리하게 활용한 한 가지 사례를 소개하자면, 블레차르지크는 버튼 하나만 클릭하면 호스트가 미국의 광고 분류 웹사이트 크레이그리스트Craigslist에 자신의 숙소 목록을 보여줄 수 있게 하는 통합 도구를 개발했다.[22]

에어비앤비는 완전히 새로운 아이디어를 내세운 기업은 아니었지만, 최소한의 호스트와 게스트를 확보한 최초의 임대 공유 플랫폼으로서, 여행객의 기존 습관이나 기대치를 크게 바꾸어 놓았다. 블랄 박사는 다음과 같이 설명한다. "에어비앤비는 창립 이래로 꾸준하게 인간적인 만남과 교류라는 가치 제안에 집중했습니다. 이들의 목표는 여행객을 숙소 호스트 및 현지인과 연결해주어, 기존의 홈스테이와는 차별화된 경험을 제공하는 것입니다." 그에 따르면 700만 개가 넘는 많은 숙소를 보유한 것도 에어비앤비의 큰 경쟁력이다.

에어비앤비의 공동 창립자들이 디자이너였다는 점을 생각하면 처음부터 플랫폼 디자인을 매우 중시한 것도 별로 놀랄 일은 아니다. 에어비앤비는 항상 알아보기 쉽고 사용자 친화적인 웹사이트를 개발하는 데 주력했다. 또한 정교한 알고리즘을 사용하여 날짜나 위치뿐만 아니라 숙소의 질적 수준, 호스트의 행동 패턴과 같은 세세한 요소들까지 고려하여 게스트가 자신에게 가장 잘 맞는 숙소를 검색하게 해주었다.[23] 에어비앤비는 지금도 이러한 기술을 꾸준히 혁신하고 있다. 이들의 목표는 가장 처음에 마우스를 클릭할 때부터 에어비앤비라는 브랜드에 대한 이미지를 시종일관 긍정적으로 유지하는 것이다.

처음부터 언론의 관심을 끄는 데도 성공적이었는데, 이는 플랫폼의 인지도를 높이는 일에 큰 도움이 되었다. 일례로 앞서 이야기했듯이 2008년에 오바마 오즈와 캡틴 맥케인스라는 가상의 시리얼을 만들어서 기자들 책상 위에 시리얼 상자를 직접 배달함으로써 언론의 관심을 크게 자극했다. IT 뉴스를 전문적으로 다루는 웹사이트 테크크런치는 이 방법이 그 주간에 '가장 멋진 마케팅 홍보 작전'이었다고 평가했다.[24] 또한 2022년 11월에 체스키는 샌프란시스코에 있는 자기 집을 플랫폼에 등록하여 에어비앤비 관련 기사의 헤드라인을 장식했다. 홍보 목적도 있었지만 '현장감을 유지하려는 노력'의 일환이라고 그는 설명했다.[25]

에어비앤비가 등장할 무렵 글로벌 금융 위기 때문에 수백만 명이 일자리를 잃는 등 전 세계가 암울한 분위기였다. 그런데 에어비앤비의 숙소는 기존 호텔보다 훨씬 저렴해서 사람들에게 비용 면에서 효율적이라는 인상을 주었다. 또한 손님에게 개인 맞춤형 경험을 제공하지 못하는 기존의 호텔 서비스에 불만을 품은 여행자들도 큰 매력을 느꼈다. 이렇게 에어비앤비가 등장하여 인기를 끌자 숙박업계에 큰 파장이 일었고, 호텔업계는 개별화된 경험을 제공하려고 적극적인 노력을 기울이게 되었다. 에어비앤비는 최근 몇 년 사이에 부티크 호텔 여러 곳을 플랫폼에 입점하게 해주었다.

에어비앤비는 그들이 제공하는 최종 서비스인 '숙박시설'을 소유하거나 어떠한 통제도 가하지 않아야 한다는 점을 예리하게 인식하고 있다. 즉, 전문적이며 믿을 만한 서비스를 제공하는지는 플랫폼에 숙박 공간을 올리는 호스트에게 전적으로 달려있다. 에어비앤비는 호스트 교육에 대대적으로 투자하는데, 이를테면 호스트가 반드시 지켜야 할 표준을 알려주고, 뉴스레터를 발행하며, 호스트끼리 좋은 사례를 공유하는 온라인 커뮤니티를 운영하며, 경험 많은 호스트가 다른 호스트를 도와주는 멘토링 프로그램도 운영하고 있다. 이들은 또한 호스트가 게스트와 직접 연락하여 확실한 의사소통을 나누고, 게스트의 질문에 신속하게 응답해주어야 한다는 점을 특히 강조한다. 또한 숙소의 사진을 보기 좋게 찍을 수 있도록 호스트와 전문 사진작가를 연결해주기도 한다.

양방향 리뷰 시스템이야말로 이 플랫폼의 신뢰도를 가장 든든하게 뒷받침해주는 것이다. 숙박 기간이 끝나면 호스트와 게스트 양측이 모두 피드백을 남길 수 있다. 긍정적인 리뷰는 호스트와 게스트의 좋은 평판과 직결되는 문제이므로 양측 모두 신경 써서 행동하고, 리뷰를 꼭 남기려는 동기를 갖게 된다. 안전한 결제 시스템도 에어비앤비의 주요 특징이다. 이들은 플랫폼을 사용하는 호스트와 게스트가 모두 진짜인지 확인하는 검증 프로세스도 갖추고 있다.

'호스트를 위한 에어커버'라는 이름의 호스트 보증 프로그램은 에어비앤비를 통한 숙박 기간에 게스트가 숙소나 기타 소유물을 파손했을 때 호스트에게 최대 300만 달러까지 보상받도록 보장해주는 제도다. 신뢰도를 높이는 또 다른 방법으로 '프로젝트 라이트하우스'라는 프로그램도 시행한다. 이는 에어비앤비에서 집을 빌려주거나 숙소를 예약하는 과정에서 발생할지 모르는 차별을 발견하고 평가하여 해결하는 것이다. 이처럼 에어비앤비는 게스트에 대한 인종차별 문제에도 적극적으로 대응하고 있다.

이 밖에도 게스트에게 질 높은 경험을 제공한다는 기본 비즈니스 모델과 폭넓은 자선 활동 덕분에 에어비앤비는 선한 일을 하는 기업이라는 이미지를 구축했다. 2017년에는 난민이 임시 거처를 찾도록 도와주는 '오픈 홈즈'라는 플랫폼을 출시했다. 현재는 에어비앤비닷오알지Airbnb.org라는 비영리 단체로 발전해, 자연재해나 분쟁 때문에 임시 거주지가 필요한 사람들에게 도움을 주고 있다.

이렇게 회사가 꾸준히 성공 가도를 달린 데는 의문의 여지없이 세 명의 공동 창립자가 크게 이바지했다. 창의성, 열정, 피나는 노력과 남다른 비전 덕분에 기술 분야에서 시작부터 큰 반향을 일으켰고, 사업이 본격적으로 성장하는 데 필수적인 자금 조달 문제도 무난히 해결할 수 있었다. 또한 세 사람은 서로 협동하고 공감해주는 긍정적인 기업 문화를 유지하는 데 힘쓴 덕분에 유능한 인재를 발굴하고 보유할 수 있었다. 체스키와 블레차르지크는

CEO 및 최고전략책임자로 지금도 활동적으로 일하고 있으며, 게비아는 에어비앤비닷오알지의 회장을 맡고 있다.

앞으로 에어비앤비는 다른 숙박업체와도 계속 경쟁해가야 하고, 단기 임대 서비스를 제한하려는 세계 각국과 주요 도시의 규제당국에 맞서야 한다. 그뿐만 아니라 계속 변하는 소비자의 선호도에 적응하기 위해서도 노력해야 한다. 그럼에도 블랄 박사는 에어비앤비가 인간적인 교류와 '비즈니스와 무관한' 가치 제안에 초점을 맞춤으로써 앞으로도 경쟁 우위에 서리라 전망한다.

소속감을 강조하는 에어비앤비의 핵심 가치는 브랜드가 히피 문화와 연관이 있음을 지속해서 상기시켜주며, 지나치게 기업적인 이미지로 보이는 것을 방지한다. 그들은 또한 '커뮤니티'라는 콘셉트를 충실히 사용한다. 호스트와 게스트의 커뮤니티를 잘 운영해야 궁극적으로 플랫폼이 성공한다는 논리다. 에어비앤비가 숙박업계를 제대로 뒤흔드는 데 성공한 것은 인간 본성이 선하다고 믿는 기업 문화와도 밀접한 관련이 있다. 체스키도 이렇게 언급한 바 있다. "에어비앤비는 사람은 모두 선하고, 우리는 이렇게 함께 살아간다는 생각에 뿌리를 두고 있습니다."[26]

엉뚱한 아이디어라도 실행에 옮겨라.

에어비앤비가 처음 등장했을 때, 투자자들은 낯선 사람이 집에 같이 머무른다는 점을 몹시 불안하게 생각했다. 하지만 에어비앤비는 이론적으로는 말도 안 되는 것처럼 보인다 해도 실제로는 전혀 문제가 없다는 점을 증명해냈다.

커뮤니티를 기반으로 브랜드를 구축하라.

에어비앤비의 성공에 가장 크게 이바지한 부분은 브랜드 충성도가 높은 호스트와 게스트 커뮤니티다. 지금도 이 커뮤니티는 계속 성장하고 있다.

신뢰를 얻기 위해 노력하라.

에어비앤비가 신뢰와 안전을 최우선으로 생각하지 않았다면, 사람들에게 자기 집을 임대하도록 설득하지 못했을 것이다. 신뢰가 있었기에 혁신적이고 새로운 비즈니스 아이디어에 사람들이 동참해준 것이다.

사용자 중심의 디자인을 구축하라.

에어비앤비의 웹사이트는 보기 좋을 뿐만 아니라 사용법도 아주 간단하다. 이를 보면 호스트와 게스트가 에어비앤비를 사용할 때 어떤 경험을 얻기를 바라는지 짐작할 수 있다.

기본에 충실한 태도를 유지하라.

오늘날 에어비앤비는 글로벌한 대기업 중 하나로 성장했지만, 처음 설립된 이유와 목적을 잊지 않고 있다. 바로 전 세계 어디서나 사람들이 합리적이고 진정성 있는 환대를 즐길 수 있도록 돕는 것이다.

03

비욘드 미트

육류 코너에 진열된 대체육

비욘드 미트는 동물성 고기를 대체하는 식물성 고기 가공업체다. 주력 상품은 '기존의 소고기 버거와 모양, 요리 방식, 맛이 똑같게 만든' 비욘드 버거다. 그 밖에도 소시지, 미트볼, 치킨 너겟 등 다양한 식물성 육류 제품을 판매한다. 2022년 12월 기준으로 비욘드 미트의 제품은 전 세계 80개국 이상에 약 19만 개의 소매점 및 식품 서비스 매장을 통해 판매된다.[1]

비욘드 미트의 이야기

비욘드 미트는 미국의 기업가 에단 브라운Ethan Brown의 비전에서 시작되었다. 워싱턴D.C.의 낙농장에서 성장한 브라운은 10대 시절에 베지테리언vegetarian이 되었다. 그는 인터뷰에서 다음과 같이 말했다. "가죽으로 된 농구화를 신으면 마음이 너무 불편했습니다. 소를 키우는 모습을 내 눈으로 직접 봤으니까요. 소를 보면 항상 어루만져주곤 했어요."

브라운은 20대에 접어들어 비건vegan(모든 동물성 식품과 동물성 원료가 사용된 제품 거부)이 되었고, 식물성 육류로 맥도날드와 같은 브랜드를 만들고 싶다는 꿈을 꾸기 시작했다. 그는 한동안 발라드파워시스템Ballard Power Systems이라는 대체에너지 업체에 근무했지만, 식품 사업을 하고 싶다는 생각은 여전히 머리에서 떠나지 않았다. 2009년에 환경 연구 단체인 월드워치 연구소Worldwatch Institute가 〈가축과 기후변화〉라는 보고서를 발표해 축산업이 온실가스배출에 얼마나 큰 영향을 주는지 강조했는데, 이 보고서는 브라운에게 큰 자극을 주었다. 그는 결국 그해 식물성 육류 판매업에 뛰어들게 된다.[2]

브라운은 이 사업을 시작하려고 컬럼비아에 있는 미주리대학교의 식품과학자인 푸훙 시에Fu-Hung Hsieh, 해럴드 허프Harold Huff와 협력했다. 그들은 이미 질감이나 맛이 닭고기와 거의 흡사한 콩고기 같은 대체식품을 연구하고 있었다.[3] 비욘드 미트는 콩으로 닭고기와 비슷한 맛을 구현하는 기술에 대한 법적 권한을 취득한 후에 2012년에 '비욘드 치킨 스트립'이라는 첫 제품을 미국 시장에 선보였다. 신제품은 많은 사람에게 호평을 얻었다. 미국의 유명한 식품 쇼호스트인 알톤 브라운은 "매우 인상적"이라고 칭찬하면서 "지금까지 먹어본 고기가 아닌 제품 중에서 가장 고기와 흡사"하다고 평가했다.[4]

또 하나 흥미로운 점은 마이크로소프트라는 거대 기술 기업의 공동 창립자 빌 게이츠가 비욘드 미트를 처음부터 후원했다는 것이다. 게이츠는 2013년에 자신의 블로그에 비욘드 미트의 닭고기 대용 제품을 먹어본 경험을 남겼는데, "미래 식품을 맛보았다"라고 표현했다. 그는 2050년쯤에는 세계 인구가 90억 명을 넘길 것이므로 2000년부터 2050년 사이에 육류에 대한 전 세계 수요가 2배로 증가할 것이라고 지적했다.[5] 그 밖에도 트위터(현 X)의 공동 창립자인 에번 윌리엄스와 비즈 스톤도 비욘드 미트를 초창기부터 후원했다. 시간이 흘러 레오나르도 디카프리오, 제시카 차스테인도 비욘드 미트를 후원하기 시작했다.

그러나 기후변화에 대처하는 과정에서 실질적인 진전을 이루는 데 도움이 되려면 닭고기 대용품으로 만족하지 않고 더 많은 제품을 개발해야 했다. 전 세계 농경지의 약 60퍼센트가 소고기를 생산하는 데 사용되고 있지만, 세계적으로 소비되는 열량에서 소고기는 고작 2퍼센트를 차지할 뿐이다.[6] 그만큼 소고기는 열량 전환이라는 측면에서 매우 비효율적인 식량이다. 소고기 1킬로그램을 생산하려면 사료로 곡물 25킬로그램과 물 1만 5천 리터가 필요하다.[7] 따라서 비욘드 미트가 온실가스배출을 줄이려는 미션을 온전히 완수하려면 소고기를 대체할 제품을 개발해야 했다. 이에 그들은 2014년에 완두콩으로 만든 비욘드 비프 크럼블을 선보였다. 이 제품은 맛이나 모양, 식감이 잘게 다진 소고기와 거의 흡사했다.[8] 하지만 제품에 대한 사람들의 평가는 서로 엇갈렸다. 어떤 블로거는 제품의 "냄새와 맛이 아주 좋다"라고 평가[9]했으나 또 다른 블로거는 "소고기와 비슷한 맛이 나지만 만족스러운 느낌은 없다"라고 말했다.[10]

2년 후에는 완두콩, 비트 뿌리, 코코넛 오일, 감자 전분으로 만든 비욘드 버거라는 대표 제품을 공개했다. 모양이나 요리법, 맛에 있어 고기와 거의 같은 수준을 구현했으면서도 글루텐, 대두, 유전자변형식품GMO이 없는 100퍼센트 식물성 재료로 만들어진 최초의 대체 버거라는 점에서 혁신적이라는 평을 받았다. 또한 회사 측은 이 햄버거가 표준 미국식 1/4파운드 소고기 버거(80퍼센트 소고기와 20퍼센트 지방으로 구성된)에 비해 온실가스 배출량을 90퍼센트나 줄여주며, 에너지를 46퍼센트 덜 사용하며, 물 부족에 미치는 영향은 99퍼센트, 토지 사용에 미치는 영향은 93퍼센트 줄어든다며 친환경 효과가 매우 크다는 점을 강조했다.[11]

아마존 리뷰를 보면 비욘드 버거는 출시 이래 줄곧 소비자들의 독보적인 사랑을 받았다. 리뷰를 남긴 소비자 4분의 3이 별점 5개를 주었다. 물론 비욘드 버거를 싫어하는 사람들도 있다. 제대로 익히지 않은 버거에서 개 사료 냄새가 나고 실제 고기와 맛이 다르다고 말하는 이도 있었다.[12] 그래도 비욘드 버거는 비욘드 미트 브랜드의 획기적인 상품으로 자리 잡았으며, 식료품 가게와 음식점에서 널리 판매되었다.

비욘드 버거의 인기는 계속 높아졌고, 2018년에는 미국 시장에서 입지를 공고히 굳혔다. 미국에서 큰 인기를 끌자 회사는 해외로 눈을 돌렸다. 호주, 독일, 칠레, 이스라엘, 한국, 남아프리카공화국을 포함하여 세계 50여국 시장의 문을 두드린 것이다. 해외 진출을 지원하기 위해 벤처 투자자를 확보하고 생산력 향상에 투자를 아끼지 않았다. 또한 새로운 연구개발 시설도 지을 계획이라고 발표했다.[13]

이러한 엄청난 화제 속에서 비욘드 미트는 2019년 5월에 나스닥증권거래소에 식물성 육류 브랜드 최초로 상장되었다. 상장소식에 열정적으로 반응한 사람들 덕분에 비욘드 미트는 37억 달러라는 놀라운 시장가치를 달성했다.[14] 그해에 가장 인상적인 IPO였다. 이처럼 화려하고 성공적인 IPO에 대해 에번 윌리엄스는 다음과 같이 말했다. "비욘드 미트의 IPO에 대한 열광적인 반응을 보니 매우 흡족하다. 대부분 사람은 식물성 단백질 식품 회사가 이렇게 큰일을 벌일 거라고 예상하지 못했기에 다들 이 기업에 주목하고 있다."[15]

IPO의 성공에 의기양양해진 비욘드 미트는 혁신, 인적 자원, 인프라 구축 및 전략적 파트너십 체결에 꾸준히 투자했다. 또한 상품 라인을 확장하여 미트볼, 치킨 텐더, 스테이크를 출시하고 2018년에 처음으로 선보인 소시지 제품도 개편했다. 식물성 육류에 대한 소비자의 열렬한 반응은 앞으로도 더 뜨거워질 것처럼 보였다. 회사는 여전히 적자였으나, 매출액은 2019년 2억 9,800만 달러에서 2021년에 4억 6,500만 달러로 증가했다.[16]

2021년에는 패스트푸드 체인점 맥도날드와 3년 계약을 체결하여, 세계 일부 시장에서 테스트 중인 새로운 식물성 버거 맥플랜트의 패티를 우선 공급하게 되었다.

이렇게 비욘드 미트가 승승장구하는 것처럼 보일 무렵, 사업은 악화하기 시작했다. 2022년에 심각한 인플레이션이 발생하여 전 세계 주요 중앙은행이 금리를 인상하자 식물성 육류에 대한 소비자의 관심과 열정은 한순간에 사그라들었다. 식물성 육류는 동물성 육류보다 재료가 많이 들어가고 소규모로 생산되기 때문에 가격이 비쌀 수밖에 없다. 주머니 사정이 어려워지자 소비자들은 동물성 육류를 소비하는 쪽으로 돌아섰다. 이를 본 일부 시장 평론가들은 식물성 대안 식품에 대해 관심이 증가한 것은 일시적인 유행에 불과했다고 말하기까지 했다. 남아있던 대체육류 시장 내에서도 비욘드 미트와 다른 대체육류 업체 간의 경쟁이 갈수록 치열해졌다. 미국의 과학자 패트릭 브라운Patrick Brown이 설립한 임파서블 푸드Impossible Foods나 뉴질랜드 브랜드인 선페드 미트Sunfed Meats 등이 새로운 경쟁사로 떠올랐다.

2022년 회계연도에 비욘드 미트의 매출은 4억 1,900만 달러를 기록했다. 이는 전년 대비 10퍼센트나 감소한 실망스러운 결과였다. 매출 하락은 끝나지 않았다. 회사는 2023 회계연도의 연간 수익 예상액을 전년도 대비 20퍼센트 줄어든 3억 3천만 달러에서 3억 4천만 달러 정도일 것이라고 하향 조정했다. 그뿐만 아니라 비용 절감을 위해 인력을 감축하고 해외시장 진출 계획을 재검토하겠다고 밝혔다.[17]

이러한 안타까운 상황에 더해 소위 '가짜 고기'에 대한 대중의 반발심도 직면하게 되었다. 일부 의료 전문가와 영양사들은 육류 대체식품이 전통적인 방식으로 사육한 동물에서 얻은 육류보다 정말로 건강에 더 좋은 것인지 의구심이 든다고 언급했다. 예를 들어 비욘드 버거는 포화지방 함량이 높은 코코넛 오일과 같은 다양한 성분을 사용하는 데다가 고도의 가공 절차를 거친다. 2022년에 《뉴트리언트》라는 저널에 실린 의학 기사는 대체육류 제품은 고도의 가공 처리를 거친 식품이므로 '매일 먹는 식단으

로 권장할 만한 것이 아니'라고도 주장했다.[18]

한편 비건 냉동식품 업체인 스트롱 루츠Strong Roots가 소비자 1천 명을 대상으로 실시한 글로벌 조사에 따르면 소비자의 61퍼센트가 식물성 식품 섭취를 늘리는 반면, 40퍼센트는 오히려 식단에서 가짜 고기를 줄이거나 아예 끊어버린 것으로 나타났다. 응답자의 47퍼센트는 가짜 고기를 줄이려는 주요 동기로 음식의 맛을 꼽았고, 36퍼센트는 인공 첨가물에 대해 우려를 표명했으며, 36퍼센트는 가공식품이 가진 특성이 걱정스럽다고 말했다.[19]

2023년 11월에 비욘드 미트의 자본금은 4억 5,200만 달러였다. 이는 2019년 나스닥 상장 시점과 비교할 때 기업가치가 90퍼센트나 떨어진 것이었다. 그렇지만 IPO의 결과에 의하면 비욘드 미트는 여전히 세계적으로 가장 유명한 식물성 브랜드였다. 장기적으로 볼 때, 비욘드 미트의 성공 여부는 경쟁사와 차별화된 전략을 추구하면서 저렴하고 맛있는 제품을 대량 생산하는 비즈니스 모델로 전환하는 데 성공할 것이냐에 달려있을 것이다. 다행스럽게도 향후 더욱 심각해질 온실가스배출 감소를 위한 정책이 강화됨에 따라 이 기업이 유리한 고지에 설 가능성은 충분하다. 기후변화라는 최악의 영향을 가능한 줄이려면 소비자는 좋든 싫든 동물성 고기 소비를 줄여갈 수밖에 없을 것이다.

미션을 수행하다

그렇다면 육류 소비는 환경에 얼마나 부정적인 영향을 주는 것일까? 실제로는 우리가 생각하는 것보다 훨씬 심각하다. (육류 외에 유제품이나 달걀을 얻기 위한 농장을 운영하는 것을 포함하여) 가축을 사육하는 일은 환경에 지대한 영향을 미친다. 유엔식량농업기구가 2013년에 발표한 보고서에 따르면 인간이 배출하는 온실가스 총량의 14.5퍼센트는 가축에서 발생한다.[20] 한편 2021년에 발표된 어느 학술 자료에서는 인간이 유발하는 온실가스 배출량의 3분의 1(35퍼센트) 이상은 식품 생산과 관련이 있으며, 식물성 식품보다 동물성 식품이 2배 이상의 오염을 유발한다고 한다.[21]

육류 소비가 초래하는 파괴적인 영향은 기후변화에 국한되지 않는다. 가축 사육은 온실가스를 발생시킬 뿐만 아니라 토지의 질과 수질 저하, 생물 다양성의 손실, 삼림 벌채와 같은 여러 가지 환경문제의 원인이 될 수 있다. 따라서 환경 운동가들이 전 세계가 넷제로 목표를 달성하고 생물 다양성을 복원하려면 동물성 육류 소비를 줄여야 한다고 강조하는 것도 놀랄 일이 아니다.

동물 애호가들이 육류 소비를 줄여야 한다고 강력히 주장하는 또 다른 이유가 있다. 바로 동물 복지 때문이다. 이들은 산업화된 축산업이 동물의 이동 공간, 치료 행위, 다른 동물과의 접촉,

야외 활동에 대한 접근을 차단하여 동물에게 불필요한 고통을 초래한다고 말한다. 특히 도살되기 전 몇 분간 동물들은 매우 공포스러운 경험을 하는데, 모든 동물이 죽기 전에 미리 기절하는 과정을 거치는 것도 아니다. 한편 사회운동가들은 가축에게 곡물을 먹이기 때문에 사람을 먹여 살리는 데 쓸 수 있는 곡물 가격이 오른다고 주장한다. 전반적으로 육류 소비를 반대하는 주장은 매우 다양하고 강력하다(다만 세월이 흐르면서 육류 덕분에 인간의 식습관이 개선되고 기대 수명이 연장되었다는 점도 간과하기는 어려움).[22]

비욘드 미트는 대체육류 제품을 지지하는 강력한 주장을 적극적으로 수용한다. 사실 이 기업은 '맛이 좋고, 동물성 육류와 구별할 수 없는 소비자 경험을 제공하는 영양가 있는 식물성 육류'를 생산하는 것이 그들의 사명이라고 여긴다. '좋아하는 것을 먹어라Eat What You Love'라는 브랜드 약속처럼, 비욘드 미트는 사람들이 원래 즐기던 요리, 예를 들면 소고기 버거나 볼로네제 파스타를 줄이라는 것이 아니라, 그 요리의 식물성 단백질 버전을 선택함으로써 더 많이 즐기라고 권장한다. 식물성 육류를 섭취함으로써 얻을 수 있는 건강, 지속 가능성, 동물 복지 효과를 증진하는 것이 목표다.

그들은 단순한 천연 성분을 사용해 제품을 만든다. 단백질은 주로 노란 완두콩, 녹두, 파바빈, 현미 및 기타 식물 원료에서 추출한다. 이 회사는 생산 설비 전체를 통틀어 유전자 변형 유기체를 전혀 사용하지 않는다는 점을 자랑스럽게 여긴다. 비욘드 미트의 제품이 채식주의자에게만 판매되는 것은 아니다. 플렉시테리언flexitarian(때에 따라 고기를 먹지만 그 양을 줄여 탄소 발자국을 줄이는 것을 목표로 하는 사람)을 포함하여 매우 광범위한 소비자를 겨냥한다.[23] 제품 대부분은 코셔Kosher 인증(유대교 율법에 따라 가공된 식품 인증)을 받았으며, 전 제품이 할랄Halal 인증(이슬람 율법에 따라 가공된 식품 인증)을 받았다.

이들 사업 전략의 핵심 키워드는 혁신이다. 캘리포니아주 엘세군도에 있는 본사에는 혁신 센터가 따로 마련되어 있다. 이곳에서는 생물학, 생물물리학, 화학, 식품과학, 재료과학 분야를 잘 아는 과학자들과 공정 엔지니어 및 요리 전문가가 함께 일하며, 식물성 육류의 영양적, 환경적 이점을 제공하려 제품을 개선하는 동시에 동물성 육류의 맛과 식감을 재현하려고 노력한다.[24]

성공 비결

비욘드 미트가 지금까지 이룩한 성공은 그들이 추구해온 명확한 사회적 · 환경적 미션과 밀접한 관련이 있다. 그들은 소비자가 동물성 육류에서 식물성 육류로 선택을 전환하게 도와주면 결국 인류의 건강이 나아지고, 기후변화에 잘 대처하고, 천연자원 부족 문제를 조금이나마 해결할 수 있고, 더 나아가 동물 복지 향상에도 도움이 된다고 믿는다. 진지한 태도로 사명을 충실히 완수하려는 노력을 보인 덕분에 소비자와 직원들에게 큰 사랑을 받았고, 이들과 충성스러우면서도 오래 지속되는 관계를 유지하고 있다. 이러한 기업 역사 덕에 각계각층의 유명인도 비욘드 미트를 적극적으로 후원하고 있다.

비욘드 미트는 최대한 많은 고객을 확보하기 위해 비건 및 베지테리언 제품의 생산업체로 자리매김하지 않고 플렉시테리언 시장까지 적극적으로 공략했다. 일례로 2016년에 비욘드 버거를 출시하면서 그들은 식료품 소매업자에게 비욘드 버거를 육류 부문에서 판매해달라고 요청했다. 브랜드 인지도를 높이는 데 도움이 될 거라는 판단에서 나온 전략이었다.[25]

협업 관계가 사업 확장에 주요한 영향을 끼친다는 점도 입증했다. 그들은 다른 기업과의 협업을 통해 육류 시장에서 비욘드 미트의 가시성을 높이고, 식물성 육류를 먹어볼 생각을 전혀 하지 않았던 소비자에게 비욘드 미트 제품을 소개할 수 있었다. 사업 초반부터 그들은 유기농 슈퍼마켓 체인인 홀푸드와 협업 계약을 체결했으며, 나중에는 맥도날드, KFC, 피자헛과 같은 패스트푸드 브랜드와도 손을 잡았다. 그중 몇몇 브랜드는 가장 인기 있는 제품을 동물성 육류를 전혀 사용하지 않은 버전으로 선보이기도 했다. 2022년에는 비욘드 미트 육포라는 상품을 앞세워 과자 시장에 진출했다. 비욘드 미트 육포는 펩시콜라와 진행한 협업의 일환으로, 기존의 소고기 육포를 식물성 단백질 버전으로 만든 것이었다.

단백질 함량이 우수한 제품에 대한 평가를 제외하고는 비욘드 미트의 성공을 제대로 논할 수 없다. 아마존 리뷰만 봐도 이 점을 충분히 확인할 수 있다. 물론 모든 사람이 비욘드 미트를 기존 육류의 만족스러운 대체식품으로 여기지는 않지만, 이 제품이 동물성 식품의 맛이나 식감을 훌륭하게 구현했냐는 질문에는 긍정적인 답이 따라붙는다. 지금까지 막대한 투자와 혁신 및 실험을 거듭한 덕분에 비욘드 미트는 (비트로 만든 액체를 사용하여) 식물성 육류로 만든 버거에 실제 고기의 '핏물'까지 구현했다. 또한 식물성 성분으로 만든 소시지도 진짜 돼지고기처럼 불 위에서 지글지글 소리를 내며 익게 만들었다. 이렇게 꾸준히 제조 공정 혁신을 이룬 덕분에 비욘드 미트는 다른 대체육류 업체와의 경쟁에서 우위를 차지하게 되었다.

비욘드 미트의 전반적인 사업 전략에서 브랜드 인지도는 매우 중요한 부분을 차지한다. 브랜드 인지도를 높임으로써 충성도 높은 고객을 확보하고, 자사 제품을 각종 음식점 메뉴나 식료품점 진열대에 노출시킬 수 있었다. 사업 초기의 가장 성공적인 브랜드 캠페인으로는 2015년에 시행한 '퓨처 오브 프로틴The Future of Protein'을 꼽을 수 있다. 육류야말로 단백질을 섭취하는 가장 좋은 방법이라는 통념에 도전장을 내민 것이었다. 회사는 경기력 향상을 위해 식물성 단백질을 섭취한 운동선수들의 사진, 영상, 추천 문구 및 요리법을 제시했다. 농구선수 JJ 레딕JJ Redick, 야구선수 데이비드 라이트David Wright, 비치발리볼 선수 에이프릴 로스April Ross가 등장했다.[26] 이렇게 남자 선수들을 앞세운 데는 육류와 남성성이 밀접한 관련이 있다는 오랜 고정관념을 타파하려는 의도도 있었다.

브랜드 인지도를 높이는 전략의 일환으로 여러 유명 인사와도 손을 잡았다. 2022년에 미국 코미디언 케빈 하트Kevin Hart는 TV 광고에 등장해 식물성 육류를 먹는 것이야말로 기후변화에 맞서는 방법임을 강조했다. 이 광고는 '기후변화에 맞서는 버거'라는 범국가적 브랜드 캠페인으로 확장되었으며, 타임스퀘어에서부터 유튜브까지 다양한 채널을 통해 마케팅 활동이 이어졌다. 또 다른 예로 그들은 킴 카다시안을 홍보대사 겸 '미각 컨설턴트'로 영입했다. 카다시안이 비욘드 미트의 치킨 너겟을 요리하는 영상을 자신의 인스타그램에 올리자, 3억 6천만 명 이상이 팔로우했다.

'비욘드 버거' 등의 인기 상품을 출시하며 대체육 시장의 강자로 자리 잡은 비욘드 미트. 해결해야 할 문제들이 남았지만, 혁신은 계속될 것이다.

래퍼 스눕 독과 배우 리자 코시Liza Koshy, 셰이 미첼Shay Mitchell도 비욘드 미트의 홍보대사로 활약했다.

육류 시장은 매우 거대한 글로벌 시장이며 매우 빠른 속도로 성장하고 있다. 사실 육류업계의 연간 매출액은 이미 1조 4천억 달러이며, 2028년까지 매년 6퍼센트 이상 성장할 것으로 보인다. 이러한 성장이 잠재적으로 환경에 미칠 영향을 생각하면 걱정이 앞서지만, 육류 시장에 동물성 육류뿐 아니라 식물성 육류도 함께 포함되어 있다는 점을 감안하면 희망이 있다.[27] 2050년이면 전세계 인구가 97억으로 늘어날 것으로 추정되는데, 이는 비욘드 미트에 엄청난 기회가 될 수 있다. 인구가 늘어난 만큼 식량은 더 필요할 것이고, 온실가스배출을 줄이면서 효율적으로 식량을 공급하려면 식물성 육류 등의 식물성 식품을 사용해야 할 것이다.

그렇다면 비욘드 미트는 이러한 기회를 어느 정도까지 활용할 수 있을까? 빠른 성장세를 보이는 소비재 컨설팅 회사 미션 벤처스의 전무이사 루이스 베드웰은 비욘드 미트가 프리미엄 식물성 육류 시장에 다른 기업보다 먼저 진출한 것이 매우 큰 이점이라고 말한다. 하지만 비육류 제품을 기꺼이 구매할 의향이 있거나 예전처럼 계속 구매할 소비자가 앞으로도 계속 증가해야만 비욘드 미트가 살아남을 수 있다는 것이 그의 생각이다. 미국 시장만 생각한다면 추후 어려움이 커질 우려가 있다. 미국에서는 육류 대체식품 시장이 확장보다는 감소세를 보이고 있기 때문이다.[28] 베드웰은 "아이디어도 사명감도 다 좋습니다. 하지만 비욘드 미트의 제품은 어딘가 부족한 면이 있습니다. 진짜 고기를 흉내 내는 데 지나치게 몰두하는 게 문제입니다"라고 말한다. 그는 초가공 식품에 대한 검열이 강화되는 것은 비욘드 미트와 같은 기업에도 그다지 도움이 되지 않는다고 덧붙였다.

기존의 육가공업체와도 계속 경쟁해야 하는 것 외에 다른 고민거리도 있다. 배양하거나 '실험실에서 키운' 동물에서 얻은 고기가 등장하여 육류 시장의 판도를 뒤흔든다면 비욘드 미트에도 적잖은 여파가 찾아올 것이다. 배양육이란 동물의 몸이 아니라 실험실에서 동물 세포를 배양하여 생산한 고기를 말한다. 다만 배양육은 기존의 육류에 비해 일부 비타민과 미네랄이 부족할 수 있고, 배양 과정에 사용되는 금속이나 플라스틱 등에 오염될 우려가 있어 사람이 섭취하면 건강에 좋지 못한 영향을 미칠지도 모른다.[29]

역풍을 맞은 비욘드 미트는 현재 살아남기 위해 '생존 모드'로 고군분투하고 있다.[30] 그래도 탄소 순배출량 제로를 지향하는 미래에서 식물 기반의 식품은 매우 중요한 부분을 차지하기에, 이 기업의 미래가 아직 밝다고 말할 이유는 충분할 것이다.

강력한 미션을 가져라.

비욘드 미트가 가장 중요하게 생각하는 사회적·환경적 미션은 제품 개발에서 마케팅과 협업에 이르기까지 사업의 모든 부문에 영향을 주고 있다.

장기적으로 내다보라.

비욘드 미트는 최근 몇 년간 힘든 시기를 겪었지만, 여전히 그 비즈니스 모델은 글로벌 경제의 장기적 방향과 일치한다. 넷제로를 달성하려면 전 세계적으로 육류 소비를 줄여야 한다는 점에는 의문의 여지가 없다.

자신만의 시장을 개척하라.

비욘드 미트는 대체육류 제품을 만들고, 홍보하고, 판매하는 과정에서 큰 성공을 거두었고, 대중들 사이에서 식물성 육류에 대한 인지도를 높였다. 덕분에 비욘드 미트의 시장도 넓어졌는데, 특히 환경에 관심이 많고 가끔 육류를 먹는 플렉시테리언을 위한 시장이 커지는 데 크게 이바지했다.

연구개발 및 혁신에 아낌없이 투자하라.

비욘드 미트의 비즈니스 전략에서 연구개발은 매우 중요한 부분이자 기업의 성공 동력이다. 과학자, 엔지니어, 요리 전문가 등이 협력하여 완벽한 식물성 육류를 생산한다는 목표를 추구하는 동시에, 폭넓은 소비자의 취향과 선호도에 부응하기 위해 노력하고 있다.

다른 브랜드, 심지어 '모순되는' 브랜드와도 협업하라.

패스트푸드점은 얼핏 비욘드 미트가 추구하는 이념이나 목표와 전혀 맞지 않는 것처럼 보인다. 하지만 비욘드 미트는 전 세계적으로 유명한 패스트푸드 브랜드와 협업했으며, 그 결과 원래 자사 제품에 관심이 없던 소비자에게도 브랜드를 널리 알릴 수 있었다.

크록스

미움받는 것이
무관심보다 낫다

크록스는 남녀노소 누구나 신을 수 있는 독특하고 혁신적인 캐주얼 신발을 만드는 브랜드로, 편안함과 스타일을 적절히 조화시키는 것에 중점을 둔다. 주요 브랜드로는 크록스 클로그Crocs clogs와 경량 신발 브랜드인 헤이두드HEYDUDE가 있다. 크록스 제품은 현재 도매나 직판 채널을 통해 85개가 넘는 국가에서 판매되고 있다.[1] 2023년 총매출액은 39억 달러였으며,[2] 전 세계적으로 약 6,450명의 직원을 두고 있다.[3]

크록스의 이야기

크록스는 2002년 콜로라도주 볼더 출신인 스콧 시먼스Scott

Seamans, 린든 '듀크' 핸슨Lyndon 'Duke' Hanson, 조지 보데커 주니어 George Boedecker Jr.라는 세 친구가 설립했다. 당시 핸슨은 개인적으로 매우 힘든 시기를 겪고 있었다. 막 40세가 되었는데 직장을 잃고 집도 없는 신세가 되었다. 게다가 아내가 그를 떠나버렸고, 그의 어머니마저 세상을 떠났다. 시먼스와 보데커는 그를 위로하기 위해 멕시코로 보트를 타러 가자고 제안했다.

시먼스는 새로 나온 보트용 신발을 여행에 가져왔다. 편안하고, 잘 미끄러지지 않고, 물에 뜨고, 냄새가 거의 배지 않는 폼 소재의 나막신 모양 신발이었다. '핀프로젝트 NAFinproject NA'라고도 알려진 폼 크리에이션Foam Creations이라는 캐나다 회사가 만든 것이었다. 시먼스는 여기에 끈을 달아 신발이 벗겨지지 않게 고정했다. 그는 두 친구에게 신발을 보여주면서 어떻게 생각하냐고 물었다. 핸슨은 이렇게 회상했다. "참 못생긴 신발이라고 말해줬어요. 그러자 시먼스는 '그건 그래, 하지만 정말 실용적이야'라고 말하더군요."

세 사람은 직접 신발 사업을 해보기로 뜻을 모았다. 폼 크리에이션에서 신발을 제작할 권한을 사들인 다음, '웨스턴 브랜드 Western Brands'라는 이름을 내걸고 사업을 시작했다. 보데커가 CEO를 맡아 소규모 투자자를 유치했고 핸슨은 실질적인 운영을 담당했다. 세 사람은 신발이 악어와 비슷하게 생겼다는 점에 착안하여 크로커다일의 약어인 '크록스'라고 이름을 정했다. 사실 이 신발은 악어의 생김새와 비슷할 뿐만 아니라 육지와 물속에서도 편안하고, 튼튼하고 오래간다는 공통점이 있었다. 그들은 신발이 미끄럽지 않다는 점을 강조하면서도 재미있는 이미지를 전달하려고 처음에는 'Get a Grip(꽉 잡아라)'이라는 마케팅 슬로건을 사용했다.[4] 제품 로고에는 웃는 악어의 얼굴을 캐릭터로 넣었다. 이 악어 마스코트는 아이디어를 제시한 핸슨의 중간 이름을 따서 '듀크'라고 지었다.

세 사람은 2002년에 플로리다주의 포트로더데일에서 열린 보트 쇼에서 '더 비치the Beach'라는 이름을 내걸고 처음으로 신발을 판매했다. 보트를 타려는 사람은 물론, 음식점이나 병원 직원 등 수많은 사람이 신발을 사려고 모여들었다. 헐렁하면서도 편안하며 신발을 쉽게 닦거나 빨 수 있다는 점이 큰 장점으로 여겨졌다. 그제야 세 사람은 그들의 제품이 정말 대단한 물건이라는 것을 깨달았다.

시장에 출시된 첫해 크록스는 7만 6천 켤레나 팔렸고, 매출액은 120만 달러를 기록했다. 1년 후에는 63만 9천 켤레가 팔렸으며 총수익은 1,230만 달러를 기록했다. 못생기긴 해도 많은 사람에게 사랑받는 제품이라는 점이 아주 명확해졌다.[5] 원래 크록스는 성인용 신발 한 가지 스타일에 6가지 색상으로 제작되었지만,

얼마 후에 어린이용 크록스도 만들기 시작했다. 알록달록한 색상과 혼자 신고 벗을 수 있다는 장점 때문에 아이들에게도 큰 사랑을 받았다.

2004년에 웨스턴 브랜드는 폼 크리에이션을 인수하여, 제조 시설과 크록스 생산에 쓰이는 독립기포수지 재료인 크로슬라이트에 대한 모든 권한을 손에 넣었다. 1년 후 보데커는 플렉스트로닉스 인터내셔널이라는 전자 제품 업체의 부사장을 지냈던 론 스나이더Ron Snyder에게 CEO 자리를 넘겨주었다. 스나이더는 크게 보고 넓게 생각할 줄 아는 사람이었다. 그는 유럽 및 환태평양 전역에 유통망을 구축했다.

2005년 초반이었던 이 무렵, 회사는 상장을 준비하고 있었다. 우선 웨스턴 브랜드라는 사명을 크록스로 변경했다. 또한 투자자에게 회사가 장기적으로 성장 잠재력이 크다는 점을 보여주기 위해 악어 로고가 들어간 티셔츠, 모자 등의 다양한 상품을 판매하기 시작했다. 로고 디자인도 수정하고 신모델까지 개발했다. 연말쯤에는 9개 모델과 17가지 색상이 출시되었다.

소비자 및 잠재적 투자자를 대상으로 브랜드 가시성을 더욱더 높이기 위해 회사는 '추한 것도 아름다울 수 있다'는 슬로건을 앞세워 크록스 신발의 특이한 모양을 강조하는 인쇄 광고를 내놓았다. 광고 덕분에 2005년에는 600만 켤레가 팔리고, 매출액은 1억

880만 달러, 순수익은 1,670만 달러를 기록했다. 유명한 신발 잡지 《풋웨어 뉴스Footwear News》가 크록스를 올해의 브랜드로 선정하면서 브랜드의 위상은 더욱 높아졌다.[6]

2006년 2월에 크록스는 나스닥주식시장에 상장되었다. 당시로서는 사상 최대 규모의 신발 기업의 공개 상장이었기에 약 2억 800만 달러 규모의 자본을 조달할 수 있었다. 그중에서 9,700만 달러는 창립자 세 명을 포함하여 기존 주주들에게 돌아갔다. 연말이 되자 크록스의 시가총액은 17억 달러를 기록했다. 설립한 지 고작 4년밖에 되지 않은 기업이라는 점을 고려하면 매우 인상적인 결과였다.[7]

공개상장 후 몇 달이 지난 다음 크록스는 액세서리 제조업체 지비츠를 현금 1천만 달러에 인수했다. 그리고 지비츠의 향후 수익 목표에 따라 추가로 1천만 달러를 지급하기로 했다. 2005년에 설립된 지비츠의 창립자 셰리 슈멜저는 전업주부였다. 그녀는 자녀들이 신는 크록스를 보석과 각종 액세서리로 장식하면 좋겠다고 생각하다가, 남편 리치와 함께 이 아이디어로 사업을 시작했다. 회사는 빠른 성장을 거듭했고, 2006년 8월 한 달 동안에만 100만 개가 넘는 액세서리가 팔려나갔다. 크록스는 지비츠가 기존 사업을 더욱 보완할 수 있다고 판단했기에 그로부터 2개월 후 슈멜저와 인수계약을 맺은 것이었다.[8]

하지만 크록스도 초반의 승승장구를 계속 이어가지는 못했다. 이는 어느 정도 예견된 결과일지도 모른다. 브랜드를 좋아하는 사람도 많았지만, 독특한 디자인 때문에 싫어하는 사람도 적지 않았고 결국 대중의 반발을 샀다. 2007년에는 'I Hate Crocs dot com'이라는 블로그가 생겼다. 그들의 목적은 '크록스 브랜드와 이런저런 핑계를 대며 크록스 신발을 신는 사람들을 모두 없애버리고 말겠다'는 것이었다. 2010년에는 《타임》이 선정한 최악의 발명품 50개 목록에 크록스가 포함되었다.[9]

안타깝게도 이러한 반발이 생길 무렵 금융 위기까지 발생하여 세계 경제가 심각한 침체에 빠졌다. 크록스는 사업을 더 확장하려 준비하고 있었지만, 신발 판매량이 감소하면서 수익도 크게 떨어졌다. 2008년에는 1억 8,500만 달러의 손실을 기록했다. 재고는 계속 쌓였고 회사는 부채를 상환하느라 진땀을 흘렸으며, 결국 직원 2천여 명을 해고해야 했다. 크록스의 훌륭한 내구성은 그동안 판매 및 마케팅의 강점으로 여겨졌으나 이제는 기업에 독이 되었다. 경기가 안 좋은 시기에는 사람들이 크록스를 새것으로 바꾸거나 한 켤레를 더 사려고도 하지 않았다. 한동안은 회사가 더는 버틸 수 없을 지경으로 보였다.[10]

그러나 결국 크록스는 (지구에서 약 9,500만 년이나 존재해온) 악어처럼 쉽게 무너지지 않고 회복성이 있다는 점을 증명했다. 사업 규모를 줄이고, 부채를 상환하고, 비용을 삭감하고 재고를 줄이고, 3천만 달러의 회전 한도 여신을 확보하여 다시 일어섰다. 그 덕분에 세계 경제가 회복세를 보이면서 수요가 급증할 때 적절히 대응할 수 있었다. 특히 아시아에 진출해 아시아 중산층에게 크록스 신발을 판매하면서, 사업이 거의 무너질 뻔한 시점으로부터 3년 정도 지난 2011년에 크록스는 처음으로 10억 달러의 매출을 달성했다.[11]

몇 년간 크록스는 약 10억 달러 정도의 매출을 꾸준히 유지했다. 그러다가 또 한 번 세계 경제에 위기가 닥쳤다. 그러나 이번에는 경제 위기가 크록스에 유리하게 작용했다. 코로나19 팬데믹이었던 2020년부터 2021년 사이에 사람들은 하릴없이 집에서 시간을 보냈고 인터넷 구매도 늘어났다. 이 때문에 신발을 사는 패턴에도 변화가 일었다. 크록스는 실내와 실외 어디에서나 편하게 신을 수 있는 제품을 찾는 고객을 잡기 위해 디지털 마케팅 및 온라인 판매에 집중적으로 투자했다. 그러자 매출이 급증하기 시작했고, 브랜드는 다시 인기를 얻게 되었다.[12] 2022년 회계연도 매출액은 자그마치 36억 달러였다.[13]

크록스는 다시 높아진 인기를 활용하고 제품을 다양화하기 위해 2021년에 개인 소유 기업인 캐주얼 신발 브랜드 헤이두드를 인수했다. 그들은 성명서를 통해 이번 인수는 '크록스의 포트폴

리오에 두 번째 고성장, 고수익 브랜드를 추가하려는 것'이라고 밝혔다.[14]

좋아하거나 싫어하거나

독특한 모양을 생각하면 크록스를 모든 사람을 위한 신발이라고 보기는 어렵다. 일부 소비자들에게는 아무리 봐도 너무 추하고 못생겨서 좋은 패션 감각과는 어울리지 않는 아이템일지도 모른다. 그런데도 크록스는 매우 다양한 소비자에게 사랑받고 있으며, 보트, 낚시 등의 취미활동이나 병원, 창고 근무에 이르기까지 너른 용도로 활용된다. 크록스 신발을 좋아하는 일부 사람들은 중요한 모임에 갈 때도 크록스를 착용한다. 일례로 미국 음악가이자 음반 제작자인 퀘스트러브는 2021년 오스카 시상식에 금색 크록스를 신고 나타났다.[15] 크록스 제품은 공식 매장이나 웹사이트 및 다양한 가게에서 쉽게 구매할 수 있다.

크록스의 콘셉트를 처음부터 이해하고 받아들였다고 가정할 경우, 크록스 내에서 아마 거의 모든 상황에 적합한 스타일을 찾을 수 있을 것이다. 일반적인 클로그, 슬리퍼, 샌들은 물론이고 부츠와 운동화 등 제품군이 매우 다양하다. 여성화 중 플랫폼 클로

독특한 모양과 정체성 덕분에 열성 팬과 안티 팬을 함께 거느리는 크록스. 그럼에
도 대체 불가능한 기업이라는 데는 이견이 없다.

그 제품을 보면 '크러쉬Crush', '사이렌Siren', '스톰프Stomp'와 같
이 눈길을 사로잡는 이름이 붙여져 있다.

　2023년 10월에는 '크록스 클래식 카우보이 부츠'라는 제품
이 출시되었다. 박차 모양의 참과 인조가죽 샤프트, 복잡한 스티
치 무늬로 장식된 상품이다. 부츠 로고 속에선 브랜드 마스코트
인 듀크가 카우보이 모자를 쓰고 있다. '크록토버'라는 연례행사
에 맞추어 이 제품이 출시되자, 많은 언론사가 헤드라인 기사로
그 소식을 보도했다. 크록스는 10월을 특별히 기념하기 위해 이
를 기획했다고 밝혔다. 어느 정도 예상할 수 있었겠지만, 이 제품
에 대한 소비자의 반응은 다소 엇갈렸다. 새로 나온 부츠를 좋아

하는 사람도 있었지만, 싫어하는 반응도 여전했다.[16]

 사실 흥미롭게도 카우보이 부츠는 팬들의 요청 때문에 제작한 것이었다. 카우보이 부츠는 '브랜드가 생긴 이래로 가장 많은 요청이 들어온 디자인 중 하나'였다. 크록스는 성명서를 통해 수년간 크록스에 영감을 받은 카우보이 부츠에 관한 관심이 갈수록 커졌고, 소셜 미디어를 중심으로 팬들이 부츠 제작을 요청하는 운동을 주도했다고 밝혔다.[17]

 모방은 가장 진실한 칭찬이라는 말이 있다. 실제로 크록스 신발을 모방하려는 시도는 수없이 많았고, 그때마다 회사는 특허 및 상표권 침해를 주장하는 소송을 제기하여 이를 강력히 제지했다. 2021년에 크록스의 부사장이자 최고 법률 및 위험 책임자인 다니엘 하트Daniel Hart는 회사의 상표권 및 기타 지식재산권을 보호하기 위해 강력한 조치를 감행할 것이며, '자사의 권리를 침해하거나 지금까지 열심히 투자하여 키워온 자사 브랜드에 무임승차하려는 사람들'을 그냥 두지 않겠다고 힘주어 말했다.[18]

컬래버레이션

수년간 크록스는 신발 시장에서 틈새를 공략한 기업으로 자리매김했다. 차별화된 독특한 상품이 한몫한 것도 있지만, 유명 인사들의 지지를 활용하고 다른 패션 브랜드와 컬래버레이션을 추구한 것도 큰 도움이 되었다.

크록스를 신은 모습으로 사진에 찍힌 연예인 중에는 모델 켄달 제너와 벨라 하디드, 그리고 리얼리티 쇼를 통해 스타 반열에 오른 킴 카다시안, 래퍼 스톰지가 있다. 또 다른 래퍼 니키 미나즈 역시 2021년에 일렉트릭 핑크색 크록스를 신은 모습으로 포착되어 화제를 샀다. 크록스는 왕족들에게도 사랑받았는데, 일례로 영국의 조지 왕자는 겨우 걸음마를 뗄 무렵에 폴로 경기에 크록스를 신고 등장했다.

유명 인사들이 크록스를 착용한 덕분에 브랜드 홍보에 큰 힘이 된 것은 사실이지만, 그보다는 다른 패션 브랜드와 협업을 한 것이 판도를 확연히 바꿔놓았다. 주요 컬래버레이션 브랜드를 소개하자면 래퍼 겸 패션 리더인 포스트 말론, 펑크 패션 브랜드인 플레저Pleasures, 스트리트웨어를 주로 생산하는 에이라이프Alife, 청 제품을 판매하는 리바이스, 고급 패션 브랜드 발렌시아가, 리버티런던Liberty London이라는 백화점, 신발 디자이너 살레헤 벰버리Salehe Bembury 등이 있다.

2016년에는 스코틀랜드의 패션 디자이너 크리스토퍼 케인이 크록스와 손잡고 모피와 보석으로 장식한 신발을 선보였다. 매우 창의적인 실험이었기에 당시 언론은 앞다투어 이 제품을 보도했다. 협업을 결심한 이유에 대해 케인은 이렇게 말했다. "크록스는 단연 가장 편하게 신을 수 있는 신발이죠. 좀 어색하게 보일 수 있고, 어떤 사람은 추하다고 생각할지 모릅니다. 하지만 전 그런 점이 좋아요." 이후에 그는 '크리스토퍼 케인 × 크록스'라는 하이패션 신발 컬렉션을 개발했다.

2020년에도 또 한 번 주목할 만한 협업이 이루어졌다. 캐나다 출신의 유명 팝스타인 저스틴 비버와의 협업이다. 사실 그는 아주 오랫동안 크록스를 애용했다. 비버의 의류 브랜드 드루하우스와 협업한 결과, 8가지 독특한 지비츠로 장식한 노란색 신발이 '저스틴 비버 × 크록스 클래식 클로그'라는 이름으로 탄생했다.

성공 비결

크록스에는 '모두가 싫어하면서도 좋아하는' 신발이라는 꼬리표가 따라다닌다. 일단 언뜻 보기에는 모양이 추하지만 실용적인 제품이라, 소수의 열성 팬들 외에는 크록스를 사줄 사람이 없을 것처럼 보인다.[19] 그런데도 어찌 된 일인지 크록스는 패션업계에서 주요 성공 사례로 꼽힌다. 2023년 크록스 공식 웹사이트의 성명서에 따르면 크룩스 신발은 2002년 이후로 8억 5천만 켤레나 팔려나갔다.[20] 과연 크룩스는 어떻게 소비자의 마음을 열었으며 팬들이 즐겨 찾는 신발로 자리 잡게 되었을까?

사실 크룩스가 대놓고 '못생긴 신발'이라고 인정한 것은 이 브랜드가 처음부터 사용해온 비법이다. 자칫하면 브랜드의 단점이 될 수도 있었지만, 회사는 이를 장점으로 승화했다. 독특한 외관으로 흥미를 자극하고 차별화 전략을 추구한 것이다. 지나고 보니 이런 차별화 전략 덕분에 크룩스는 패션업계에서 독보적인 지위를 갖게 되었다. 그리고 바로 이 지위를 활용하여 크룩스는 '크록네이션Croc Nation'이라는 열성적인 팬 커뮤니티를 형성했다. 사실 젊은 층의 소비자들은 이 브랜드를 광적으로 좋아한다고 해도 과언이 아니다.

디지털 마케팅 전문가인 클라라 켈리는 이렇게 말한다.

"사람들이 아주 사랑하거나 아주 미워하는 브랜드는 결국 큰 관심과 참여를 얻게 됩니다. 사람들이 좋아하기만 하는 브랜드도 그보다는 못하죠. 그 브랜드가 정직하고 재미있고 매력적이면 입소문이 나고 결국 충성도 높은 고객이 생깁니다. 이상적으로 생각하자면 모든 기업이 폭넓게 사랑받는 것은 가능합니다. 하지만 제품은 아무리 좋은 것이라고 해도 모두에게 사랑받기 어렵습니다. 그러니 소비자의 편에 서서, 미워하는 감정을 적절히 활용하면서 소비자의 행복을 유지하는 데 집중하는 것이 현명합니다. 마케팅 측면에서 보자면 무관심보다는 미워하는 감정이 훨씬 낫습니다. 미움받는 제품은 적어도 언론 보도나 입소문의 대상이 되며, 미워하면서도 결국 구매하는 사람들이 생기기 마련이니까요. 사실 사람들은 남들이 미워하는 것을 좋아하려는 청개구리 같은 심리가 있습니다."

제품의 특성도 브랜드 성공에 매우 중요한 역할을 했다. 크록스 신발은 편안하고 실용적이고 가격 또한 합리적이라고 잘 알려져 있다. 이것이 바로 해당 시장에서 모던 클래식 브랜드로 자리 잡은 비결이다. 켈리는 이렇게 설명한다. "크록스는 엄마의 신발이 아니지만, 엄마도 같이 신을 수 있죠." 더욱이 독특한 폼 레진 소재를 활용한 디자인은 유명 디자이너나 패션 브랜드들이 자유롭게 실험을 하거나 자신들만의 독특한 스타일을 드러낼 수 있는 흰 도화지 같은 역할을 해준다. 크록스는 이를 통해 끊임없이 스스로를 재창조하며 새롭고 독창적인 변화를 시도할 수 있었다. 시간이 흐르면서, 협업이 기업의 성장과 혁신적인 신제품 개발에 매우 중요한 역할을 해왔음이 증명되었다. 크록스의 CEO 앤드류 리스는 이렇게 설명했다. "협업은 우리 제품 라인업의 핵심 요소로, 평소 우리 브랜드를 고려하지 않았을 새로운 고객층에게도 다가가게 해주는 중요한 전략입니다."[21]

2004년에 폼 크리에이션을 인수한 것도 중요한 전략적인 결정이었다. 이를 인수함에 따라 크록스의 재료인 크로스라이트의 소유권은 물론이고 폼 크리에이션의 독점 프로세스와 지식재산권 및 유통 채널도 갖게 되었다.[22] 창의성을 표현하는 측면에서 지비츠를 인수한 것도 매우 현명한 결정이었다. 지비츠 덕분에 소비자는 크록스를 자기 취향대로 꾸밀 수 있게 되었고 이는 결국 매출 상승으로 이어졌다.

크록스의 IPO를 아주 성공적으로 마무리했던 론 스나이더는 고객이 원하는 스타일과 색상을 '즉시' 제공하는 것을 중요하게 여겼다. 그는 업계 내의 유통 방식도 아주 효율적으로 바꿔놓았다. 소매업체는 크록스 제품을 6개월 전에 미리 대량으로 구매하는 것이 아니라, 소량을 주문하여 곧바로 매장에 진열했다. 팔리지 않는 재고가 없었기에 할인 행사를 하지 않게 되었고, 결국 크록스 제품은 언제나 같은 가격으로 팔리게 되었다. 스나이더는 '자기 자신을 넘어 더 크게 생각하라'라는 원칙을 세우고, 그에 따라 중국, 이탈리아, 멕시코, 루마니아에 제조 공장을 설립하기도 했다.[23]

크록스를 지금까지 지탱해준 기둥은 지속 가능성, 커뮤니티,

포용성이다. 그들은 모두가 더 편안한 세상을 만드는 것을 목표로 삼는다. 사실 크록스와 같은 글로벌 브랜드에서 환경적·사회적 책임을 고려하는 것은 매우 중요하다. 특히 신발은 탄소 배출량이 많다고 알려져 있다. 환경 지속 가능성 컨설팅 회사인 콴티스의 연구 결과에 따르면 신발 산업은 전 세계 온실가스 배출량의 1.4퍼센트를 차지하고, 그중에서 60퍼센트 이상이 신발 제조 및 원재료 추출 과정에서 발생한다.[24] 크록스는 지속 가능성이 더 큰 신발을 홍보할 의무가 있음을 인지했다. 이에 2030년까지 크로스라이트 화합물에 바이오 기반 재료의 함량을 50퍼센트까지 늘리고, 크록스 클래식 클로그의 탄소 발자국은 50퍼센트로 낮추는 것을 목표로 하고 있다.[25] 포장 폐기물을 줄이는 일에도 큰 노력을 기울이는데, 실제로 크록스 신발의 80퍼센트 이상은 신발 상자 없이 판매되고 있다.

크록스는 사회적 책임을 이행하기 위해 비영리 단체에 신발을 기부하거나 후원금을 보내고 있다. 일례로 2022년에는 미국 비영리 자선단체 솔즈포소울스Soles4Souls를 통해서 우크라이나 전쟁 난민에게 신발 20만 켤레를 기부했다. 가죽 제품을 꺼리는 사회적 분위기에 맞추어 2021년부터는 100퍼센트 비건 신발을 생산한다.[26]

크록스라는 브랜드의 운명은 경제 상황과 제품의 인기에 따라 앞으로도 계속 변동될 것으로 보인다. 켈리는 소비자 트렌드가 하루가 다르게 변화하므로 어느 패션 브랜드라도 적절히 대응하기란 쉽지 않은 일이지만, 그래도 크록스는 '지금까지 매우 훌륭하게 대처해왔다'고 평가했다. 실제로 크록스의 장기적 전망은 좋은 편이다. 20년이 넘는 세월을 통해 일시적인 유행으로 끝날 브랜드가 아니라는 점을 증명했으니 말이다. 좋아하든 미워하든 간에, 소비자들이 크록스에서 벗어날 방법은 없을 것이다.

틈새시장을 개척하라.

크록스는 실내외 어디서나 신을 수 있는 실용적이고 편안한 신발이라는 틈새시장을 공략했다. 지금도 이 회사는 이러한 개념에 충실한 제품을 생산한다.

상징적인 디자인을 만들어라.

독특한 모양 덕분에 크록스 제품은 금방 눈에 띈다. 이러한 디자인은 시장에서 다른 제품과 확연히 구별되며, 크록스만 좋아하는 열성 팬을 만들어낸다.

단점이 될 수 있는 특징도 장점으로 승화하라.

크록스 하면 다들 '못생긴' 신발이라는 이미지를 생각한다. 하지만 이러한 특징이 오히려 사람들이 브랜드에 대해 끊임없이 이야기하게 만드는 요소로 작용해 마케팅에 큰 도움이 되었다.

창의성을 통해 한계를 극복하라.

협업과 디자인 개발을 통해 브랜드를 계속 발전시키고 혁신을 시도한다. 그 결과, 크록스는 사람들의 필요에 응답하면서도 여전히 현대적이고 트렌디한 디자인을 가진 제품으로 평가된다.

'기분 좋은' 브랜드라는 이미지를 구축하라.

크록스는 편안함과 실용성을 추구하는 밝고 경쾌한 느낌의 브랜드다. 또한 환경적·사회적 책임감을 보여줌으로써 소비자들에게 호평을 받고 있다.

데시엠

우리는 비정상적인 회사입니다

데시엠은 인기 있는 과학 기반의 뷰티 브랜드 니오드NIOD와 디오 디너리를 산하에 둔 토론토 기반의 기업이다. '오랜만에 스킨케 어 분야에서 발생한 매우 흥미로운 변화'라는 평가를 받은 이 회 사는 전 세계적으로 1천 명 이상의 직원과 함께하고,[1] 50개 이상 의 매장을 운영하고 있다.[2] 제품이 1초에 두 개씩 팔려나간다고 한다.[3] 데시엠의 슬로건은 '이상한 뷰티 컴퍼니'다.

데시엠의 이야기

데시엠은 2013년에 34세의 이란계 캐나다인이자, 다수의 뷰티 브랜드를 창업한 기업가 브랜든 트뤽스Brandon Truaxe에 의해 설립

되었다. 그의 원래 이름은 알리 로샨이며, 20대 초반에 이란에서 캐나다로 이주했다. 트뢱스는 사업을 시작하면서 영국의 사업가 니콜라 킬너Nicola Kilner를 브랜드 디렉터로 영입했다. 당시 킬너의 나이는 고작 24세였다. 둘은 2011년 영국의 드러그스토어 체인 부츠Boots의 뷰티 바이어로 일하면서 서로를 처음 알게 되었다. 킬너는 트뢱스의 열정과 태도에 즉시 매료되었다. 그녀에 의하면 트뢱스는 "생각하는 속도가 아주 빠르고, 모든 것을 기억하는 능력이 있었다."[4]

트뢱스는 원래 컴퓨터 프로그래머였지만, 대형 뷰티 기업에서 사회생활을 시작했다. 그는 이전에 유오코Euoko라는 고급 스킨케어 브랜드를 공동 창립한 경험이 있었다. 페이스 트리트먼트 제품의 가격이 700달러가 넘는 브랜드였다. 이후에는 이 브랜드를 떠나 인디드 랩스Indeed Labs라는 또 다른 뷰티 회사를 차렸다. 그러나 그는 2012년 인디드 랩스를 떠날 당시, 3년간 어떤 페이셜 스킨케어 브랜드도 출시하지 않는다는 경쟁 금지 계약에 서명하고는 아주 불편한 마음으로 회사와 이별해야 했다.

그 무렵 트뢱스는 다양한 소형 뷰티 브랜드를 육성하는 인큐베이터 역할을 할 모회사를 만들고 싶어 했다. 얼굴에 바르는 세럼을 주력으로 생산할 예정이었다. 그는 기존의 화장품업계를 완전히 바꾸고 싶었다. 특히 생산 비용이 저렴한 화장품을 비싼 용기에 담아서 고도의 마케팅 기술로 터무니없이 비싸게 파는 브랜드를 모두 이겨볼 심산이었다. 그의 계획은 레티놀처럼 오랜 세월을 거쳐 효과가 입증된 성분이 들어간 화장품의 마진을 파격적으로 줄여 판매하는 것이었다.

한 번에 10가지 일을 시도하지 말라는 조언을 들었지만, 트뤽스는 고집을 꺾지 않았다.[5] 그는 10번째를 뜻하는 'decima'라는 라틴어 단어에 착안하여 회사명을 데시엠이라고 지었다. 이 회사는 헤어 케어 제품, 영양 보충제, 남성용 그루밍 제품 등 여러 하위 브랜드를 동시에 선보였다. 무엇보다도 데시엠은 대다수의 뷰티 브랜드처럼 외부 업체에 제조를 맡기는 것이 아니라, 처음부터 직접 제품을 만들었기에 시장에서 두각을 나타낼 수 있었다.[6] 트뤽스는 킬너가 합류한 지 6개월도 지나지 않아 그녀를 공동 CEO로 임명했다. 킬너는 데시엠의 공동 창립자로도 여겨진다.[7]

트뤽스는 2015년에 경쟁 금지 계약이 종료되자마자 니오드라는 고급 스킨케어 브랜드를 출시했다. 브랜드 목표는 피부 본연의 힘을 강화하는 것으로, 클렌저, 세럼, 하이드레이터, 보습제, 마스크 등 다양한 제품을 선보였다. 킬너는 니오드가 데시엠의 하위 브랜드 중에서도 '왕관의 보석' 같은 존재이자 혁신의 중심지라고 말한다. 대표적인 혁신 상품 중 하나가 '포토그래피 플루이드Photography Fluid'다. 이 제품을 바르고 사진을 찍으면 피부에서 광채가 나는 것을 확인할 수 있다. 니오드는 흔치 않은 혼합물과 모듈을 사용하며, 화장품 제조 방식도 자주 업그레이드된다.[8]

하지만 데시엠은 2016년 8월에야 본격적인 성공 궤도에 올랐다. 가격이 합리적이면서 효과가 좋은 스킨케어 브랜드 디오디너리를 출시한 덕분이었다. 임상 테스트를 거쳐서 제조한 제품 덕분에 뷰티 블로거와 인플루언서에게 빠르게 열광적인 지지를 얻었다. 밀레니얼 세대라면 이 제품을 모르거나 좋아하지 않는 사람을 찾기가 어려울 정도였다. 디오디너리의 깔끔한 포장이 오히려 고급스러운 느낌을 주었고, 결과적으로 데시엠의 총매출의 70퍼센트 이상이 디오디너리에서 발생하게 되었다. 이런 과정에서 데시엠의 직원은 450명 이상으로 늘어났는데, 대다수가 35세 미만이었다.[9] 그해 데시엠은 토론토에 처음으로 단독 매장을 열고 'The Abnormal Beauty Company store(비정상적 뷰티 컴퍼니 스토어)'라고 이름 붙였다.[10]

2017년에 대형 화장품 기업인 에스티 로더가 데시엠의 독특한 브랜드 전망과 눈부신 성장에 관심을 보이며 소수지분 29퍼센트를 매입했다. 창립한 지 5년밖에 안 된 기업이 2018년까지 연간 1억 5천만 달러가 넘는 매출을 기록한 것은 에스티 로더의 관심을 끌 만했다.[11] 그러나 성공에는 그만한 대가가 뒤따랐다. 회사는 디오디너리 제품의 폭발적인 수요를 따라잡지 못해 허둥지

둥했고, 단기간에 큰 성장을 이룬 뷰티 스타트업의 내부 상황이 좋지 않음을 보여주는 일련의 사건들이 일어났다. 어쩌면 파격적이고 변덕이 심한 창립자의 정신이 온전치 않다는 사실이 이때부터 드러난 것인지도 모른다.

2018년 내내 트뤽스의 정신 건강은 눈에 띄게 악화했고, 이상 행동도 많이 늘어났다. 회사의 미래에 위협이 될 수밖에 없는 행동이었다. 이상 징후가 분명해진 건 2017년 연말 휴가 이후부터였다. 그는 자신과 킬너의 직위를 '직원'과 '동료 직원'으로 바꾸기로 했다. 그러더니 2018년 1월에는 데시엠이 보유한 각종 소셜 미디어 계정을 넘겨받아서 전혀 예상치 못한 기괴한 글을 올려 많은 논란을 유발했다. 앞으로 절대 동물실험을 하지 않겠다고 약속하면서 죽은 양을 찍은 사진을 올린 적도 있었고, 브랜드를 사랑해주는 팬을 모욕하거나 사내 분쟁을 폭로하는 글도 남겼다.

2018년 2월, 트뤽스와 킬너 사이에 외부 기업과 파트너십을 공개적으로 끊는 문제를 두고 의견 차이가 있었다. 그러자 트뤽스는 그녀를 갑작스레 해고하여 직원들을 경악하게 만들었다. 입사한 지 얼마 안 된 CFO 스티븐 카플란도 킬너의 해고에 불만을 표명하며 사임했다. 3월이 되자 미국인 직원이 모두 해고되었다는 소문이 돌기 시작했다. 트뤽스는 그것이 허위 소문이며 미국에 있는 홍보팀만 내보낸 것이라고 해명했다.[12] 그런데 5월쯤 상황은 더 악화했다. 트뢱스가 회사 웹사이트에 데시엠의 주주들이 회사를 속이고 자신을 정신병원에 보내려고 했던 것 같다는 내용으로 공개서한을 올린 것이다.[13] 나중에 실제로 그해에 트뢱스가 정신적 문제로 입원했던 사실이 밝혀졌다.

업계에서 여전히 막강한 영향력을 행사하던 킬너는 7월에 데시엠으로 복귀했다. 트뢱스는 그녀를 함부로 대했지만 킬너는 회사에 헌신적이었고, 데시엠에 대한 트뢱스의 비전과 그의 천재성을 의심하지 않았다. 그러나 킬너가 돌아온 것도 트뢱스의 추락을 막기에는 역부족이었다. 2018년 10월에 트뢱스는 인스타그램에 일관성 없고 장황한 영상 하나를 올렸는데, 추후 통지가 있을 때까지 데시엠의 모든 운영이 중단될 거라며 사내의 거의 모든 직원이 금융 범죄를 저질렀다고 비난을 퍼붓는 내용이었다.[14]

이 사건으로 데시엠 주주들의 인내심은 바닥을 드러냈다. 트뢱스가 주식의 3분의 1을 쥐고 있었지만, 캐나다 법정에서 에스티 로더는 그가 사업에 '돌이킬 수 없는 해'를 초래했다고 주장했고 결국 그는 CEO 자리에서 쫓겨났다.[15] 또 회사 사무실뿐만 아니라 에스티 로더 명예 회장인 레너드 로더와 에스티 로더 임원이자 데시엠 이사 중 한 명인 앤드루 로스로부터 최소 300미터를 유지하라는 접근금지명령을 받았다. 킬너가 회사의 단독 CEO가 되었고 카플란은 최고운영책임자로서 복귀했다. 그해 데시엠의 매

출은 3억 달러를 기록했다.[16]

그러나 비극적인 일이 계속 이어졌다. 2018년 11월에 트뤽스는 정신 질환으로 런던에서 입원했고, 의사는 양극성 장애와 약물 남용으로 추정 진단했다. 얼마 지나지 않은 이듬해 1월에는 갑자기 사망 소식이 들려왔다. 토론토 도심 근처에 있는 자신의 콘도미니엄 건물에서 추락한 것이었다. 당시 그의 나이는 고작 마흔이었다. 트뤽스의 오랜 친구라고 밝힌 리야드 스웨단Riyadh Swedaan은 캐나다《내셔널 포스트》와의 인터뷰에서 이렇게 말했다. "저는 그가 직접 뛰어내렸다고 생각하지 않아요. 헛디뎌서 떨어진 것 같습니다." 킬너는 트뤽스의 사망 소식을 듣고 '마음이 찢어지는 듯했다'고 표현했고, 회사는 애도의 표시로 모든 매장의 영업을 일시 중단했다.[17]

트뤽스가 갑작스레 세상을 떠나자, 한바탕 혼란에 휩싸였던 데시엠을 다시 정상 궤도로 되돌리는 것은 오롯이 킬너의 몫이 되었다. 그녀는 신제품을 계속 출시하고 세계 각국으로 사업을 확장하는 데 지원을 아끼지 않았다. 이렇게 전략적 우선순위를 좇아가면서도 킬너는 직원들에게 상담 서비스를 제공하고, 정신 건강을 위한 휴가를 지원하는 등 직원들의 정신 건강에도 관심을 기울였다. 그리고 다양한 배경과 필요를 가진 직원들의 목소리를 반영할 수 있도록 포용 위원회를 설립했으며, 환경보호라는 목표

에 부합하는 비즈니스 결정을 내릴 수 있도록 지속 가능성 책임자를 고용했다.[18]

2021년 5월경, 데시엠은 파국 직전에서 다시 살아났다. 에스티 로더는 10억 달러를 투자하여 데시엠에 대한 지분을 76퍼센트로 늘렸고, 3년에 걸쳐 나머지 주식도 매입하기로 했다. 킬너는 이번 인수 거래에 대한 긍정적인 의사를 표현하면서 에스티 로더는 "사업보다 브랜드 가치를 우선시하고, 직원들 간에 가족 같은 분위기를 지향한다"며, 이런 두 가지 특징은 데시엠도 매우 중시하는 가치라고 힘주어 말했다.[19]

2022년에 데시엠은 핵심 브랜드인 디오디너리와 니오드에 온전히 집중하기 위해 앱노멀리Abnomaly, 히프HIF, 하일라마이드Hylamid, 더 케미스트리 브랜드The Chemistry Brand 등 총 네 개의 뷰티 브랜드를 종료한다는 전략적 결정을 내렸다. 회사는 인스타그램을 통해 "과학을 최우선시하는 기능성 스킨케어에 다시 집중"할 것이라며, 동시에 새로운 뷰티 브랜드를 만드는 인큐베이터 역할도 계속할 것임을 강조했다. 또한 "이 새로운 접근 방식은 앞으로 혁신적인 브랜드를 만들어나가는 중요한 전환점이 될 것이며, 동시에 고객들이 좋아하는 제품과 서비스에 더욱 힘을 쏟을 수 있는 동력이 될 것"이라고 설명했다.[20]

성공 비결

킬너는 데시엠을 "뷰티업계에서 선한 영향력을 끼치는 존재"로 만들겠다는 포부를 밝혔다.[21] 사실 소비자에게 흡족한 결과를 선사하는, 혁신적이면서도 효과가 좋은 브랜드를 많이 만드는 것은 그들이 창립 초기부터 그린 꿈이었다. 데시엠은 사람들이 자기 피부에 무엇을 바르고 있는지, 흔히 사용되는 성분만으로 제품이 비싸게 팔리는 건 아닌지 알 수 있게 가르쳐주는 것을 목표로 삼고, 제품의 제형, 성분과 가격의 투명성을 무엇보다 중요하게 여겼다. 킬너는 "우리는 없는 효과를 허황되게 약속하지 않는다"고 말한다.[22] 데시엠이 이렇게 투명성을 강조하자 뷰티업계 내부의 분위기도 크게 달라졌다. 이제 다른 브랜드도 전체 성분 목록, 특히 활성 성분(생물학적·화학적 효과를 유발하는 성분)의 농도까지 공개해야 한다는 압박을 느끼고 있다.[23]

트뤽스는 데시엠의 공식 웹사이트에 올린 성명서에서 회사가 이렇게 빠르게 성공을 거둔 이유를 그만의 개인적인 설명으로 풀어낸 적이 있다. 그는 창업 초반에는 한 번에 많은 일을 처리하는 능력이 큰 도움이 되었다며, "여러 부문의 다양한 브랜드에 집중하느라 우리 팀은 항상 활기가 넘치고 흥분된 상태였다"고 적었다. "사실 자사 브랜드 중 어느 것도 독립적으로 전용 실험실이나 생산 설비, 크리에이티브 부서, 물류 사무소 및 복잡한 백엔드 시스템을 갖출 재정적 여유는 없지만, 모든 브랜드가 하나로 뭉치면 각자의 훌륭한 팀과 자원을 공유할 수 있게 된다." 그는 또한 자사 브랜드의 공통적인 사명은 기능, 디자인 및 진정성을 결합하는 것이라고 강조하면서 이렇게 밝혔다. "아주 사소한 것까지 신경을 써서 잘 처리하면 누군가는 분명 그러한 노력을 알아보고 높이 평가해줄 거라고 굳게 믿는다."[24]

데시엠이 스스로를 '이상한(비정상적) 뷰티 컴퍼니'라고 말하는 이유를 설명해달라는 질문에 트뤽스는 한때 이렇게 대답했다. "사람으로서는 매우 정상적인 일을 하지만, 사업을 운영하는 면, 특히 뷰티업계에서는 우리가 하는 일이 보편적인 기준에 맞지 않으니까요." 그는 사업에서는 인간성을 배제하는 것이 보편적이라며 이렇게 덧붙였다. "하지만 그러면 재미가 크게 사라지죠. 진정성도 약해지고요. 결국 무형 가치도 대부분 소실됩니다."[25] 이처럼 데시엠의 브랜드 스토리에서 인간적인 면모라는 특성은 매우 중요하다. 얼굴 없는 기계 같은 대기업에 신용카드를 내미는 느낌을 싫어하는 현대 소비자에게 그들이 설득력 있게 다가갈 수 있는 이유다.

데시엠은 과학적 연구에 기반을 둔 자사 제품에 자부심이 크기에, 연구개발에 막대한 자금을 투입한다. 니오드 제품군의 경우, 스킨케어 관련 지식이 해박한 소비자의 관심을 끌기 위해 매우 혁신적인 구성을 제시한다. 해박한 소비자는 스킨케어에 관한 요구사항이 매우 구체적이며 그러한 요구사항에 딱 맞는 제품을 원한다. 디오디너리 제품군은 기술이나 성분에 큰 변화를 주지는 않았지만, 제품의 포지셔닝 및 소비자와의 원활한 의사소통을 앞세운 정직성으로 소비자를 공략한다.

디오디너리의 출시로 데시엠은 큰 변화를 맞이했다. 디오디너리는 주로 스포이드로 된 단순한 용기에 수십 년간 스킨케어 분야에 사용된 비타민C, 레티놀, 히알루론산과 같은 성분을 담아 판매한다. 이 브랜드는 값비싼 화장품에 지갑을 열 수 없는 사람들을 위해 가격이 합리적이면서도 효과가 확실한 제품을 선보여서 화장품 시장을 발칵 뒤집어놓았다. 한마디로 스킨케어 분야에 민주화 혁명을 이룩한 것이다.[26]

데시엠은 수직통합 전략을 고수하여 브랜드 개발 및 마케팅을 엄격하게 통제한다. 아이디어 회의부터 제품 디자인, 제형, 제조, 포장에 이르기까지 모든 제품의 모든 단계를 데시엠에서 직접 진행한다. 덕분에 제품을 신속하게 시장에 출시하고 비용도 크게 절감할 수 있다. 데시엠은 북적거리는 공간에서도 자사 브랜드가 금방 눈에 띄도록 깔끔하고 과학적이며 쉽게 알아볼 수 있는 포장재를 선호한다. 킬너는 자사 제품이 다양한 포뮬러의 기능과 효

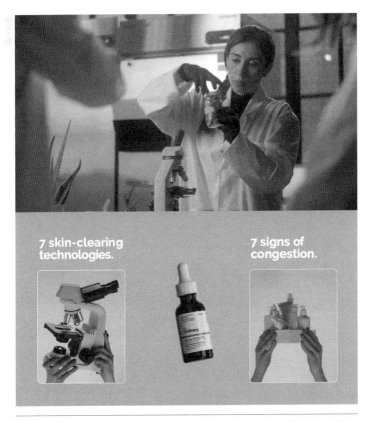

7 skin-clearing technologies.

7 signs of congestion.

스스로를 '비정상적인 기업'이라 칭하는 데시엠. 그럼에도 자사 제품에는 과학적 정체성을 반영함으로써 소비자의 마음을 얻었다.

과를 잘 아는 '스킨케어 전문가 수준의' 소비자에게 널리 인정받는다고 말한다.[27]

고급 뷰티 제품 브랜드인 뷰티 페이버스Beauty Favours의 창립자 리앤 킹Leanne King은 스킨케어 루틴을 직접 정하고 싶어 하는 소비자에게 특히 데시엠의 제품이 높은 점수를 받는다고 말한다. "사람들이 어떤 요인이 피부 문제에 영향을 주는지 더 잘 알게 되면서, 뷰티 산업에서 개별화, 개인화가 주요 트렌드로 자리 잡았습니다." 이전에 월그린 부츠 얼라이언스Walgreens Boots Alliance에서 스킨케어 혁신 부문의 연구개발 과학자로 근무했던 킹은 니오드 제품이 '특정 피부 트러블을 해결하는 데 아주 효과적인 제형'을 갖추고 있다고 설명한다. 본인도 디오디너리의 스쿠알란 클렌저를 꾸준히 사용한다며 '스쿠알란은 피부에서 분비되는 유분과 비슷하므로 클렌저를 사용한 후에 건조한 느낌이 전혀 없다'고 만족감을 드러냈다.

킹은 데시엠 제품이 스킨케어에 매우 효과적이라고 알려진 고급 성분을 사용한다는 점에 공감했다. 하지만 그녀는 화장품을 발랐을 때 피부 속에서 어떤 변화가 일어나는지 더 자세한 설명을 기대하며, 그 효과를 증명하기 위해 어떤 테스트를 시행했는지 깊이 있게 알고 싶다고 덧붙였다.

데시엠은 소비자와 직접 투명하게 의사소통한다. 예를 들면 인스타그램으로 제품 성분의 용도와 효과를 자세히 설명해주며, 소비자가 공식 웹사이트를 통해 신제품을 신청할 기회를 준다. 또한 매장에서는 개인 맞춤형 컨설팅 서비스를 제공하여 소비자가 각자의 피부 유형이나 고민거리 등에 딱 맞는 제품을 구매하게 도와준다.

입소문 또한 데시엠의 성공에 핵심적인 역할을 했다. 데시엠을 좋아하는 팬들이 적극적인 지지자로 나선 덕분에 브랜드 인지도와 인기가 점차 높아졌다. 킴 카다시안, 싱어송라이터 올리비아 로드리고 등의 유명 연예인도 데시엠의 팬이다. 소셜 플랫폼뿐만 아니라 뷰티 블로거 중에도 열성적인 팬이 많다. 2017년에 페이스북에 개설된 '디오디너리 & 데시엠 채팅방'에는 지금까지 20만 명이 넘는 회원들이 가입했다고 한다. 이 그룹은 회사와는 독립적으로 운영되며, 이곳에서 전 세계 곳곳에 사는 데시엠의 팬들이 디오디너리와 니오드 제품에 대해 솔직하고 거리낌 없는 의견을 교환한다.

공동 창립자 두 사람이 제시한 비전과 그들이 보인 열정은 데시엠이 꾸준히 성공 가도를 달리는 원동력이 되었다. 원래 창립자는 트뤽스지만 킬너도 2013년에 입사한 이래로 회사를 이끌어가는 핵심 인사로서 자신의 몫을 톡톡히 해냈다. 그녀는 업계 내에서 크게 존경받는 인물로, 창립자의 갑작스러운 사망과 같은 큰 위기 속에서 회사를 잘 이끌었다. 트뤽스가 여러 가지 복잡한 문제를 안고 있긴 했지만, 뷰티업계에서 독보적인 지위를 차지하고, 소셜 미디어를 통해 스킨케어 브랜드 인지도를 높이는 등 남다른 카리스마를 발휘한 것은 사실이다. 사내에서도 결재 서류에 '웃어요'라든가 '꼭 안아줄게요'와 같은 단어를 적어주는 등 직원들에게 애정을 자주 표현하는 것으로 유명했다.[28]

　이제 그는 이 세상에 없지만, 그가 세운 기업에 그의 정신은 살아 숨 쉬고 있다. 데시엠 직원은 신제품, 사업 계획, 매장 위치 등을 놓고 브레인스토밍할 때 "브랜든이라면 어떻게 했을까?"라고 생각해본다. 2020년에 킬너는 《더 CEO 매거진The CEO Magazine》과의 인터뷰에서 트뤽스가 남긴 유산의 가치를 인정하며 이렇게 말했다. "우리가 오늘날 여기까지 올 수 있었던 것은 그의 천재성 그리고 정해진 틀과 한계를 과감하게 뛰어넘는 능력 덕분입니다."[29]

'비정상적'인 것을 자랑하라.

데시엠은 뷰티업계의 전통이나 기준에서 벗어나는 사업 모델을 바탕으로 성
장해왔다. 이 '비정상성'에 대한 고집은 데시엠을 시장에서 돋보이게 만들었
고, 충성도 높은 팬들 사이에서 높은 인기를 끌게 해주었다.

투명성을 추구하라.

데시엠은 성분이나 재료를 솔직하게 공개하며, 우수한 품질의 제품을 거품
없이 합리적인 가격에 판매함으로써 뷰티업계에서 오래 이어져 온 통념을
과감하게 깨트렸다.

소비자를 교육하라.

제품 성분의 효과와 사용법을 알려주고 고객들에게 스킨케어에 대해 교육해
주면, 고객들은 자기 피부에 딱 맞는 제품을 고를 수 있다. 이로써 고객 만족
도와 브랜드 충성도가 두루 높아진다.

패키징을 단순하게 만들라.

데시엠 제품의 포장이나 용기는 독특하면서도 불필요한 것은 하나도 없어서
고급 브랜드의 이미지를 구현한다. 니오드뿐만 아니라 그보다 더 합리적인
가격대의 자사 브랜드인 디오디너리도 마찬가지다.

사업에 인간적 면모를 불어넣어라.

사람들은 기계가 아니라 사람에게서 제품이나 서비스를 구매한다. 따라서
진정성이 있는 인간적인 행동을 하는 기업에 지갑을 열 확률이 더 높다.

06

이더리움

커뮤니티의 영향력

이더리움은 블록체인 기술을 기반으로 구축된 글로벌 분산형 컴퓨팅 네트워크다. 이 네트워크는 암호화폐 이더Ether는 물론 수천 개의 애플리케이션을 실행할 수 있는 기술적 환경을 제공한다.[1] 시가총액을 놓고 볼 때, 이더리움은 비트코인에 이어 세계에서 두 번째로 큰 규모의 암호화폐다. 2024년 2월 기준 이더리움의 시가총액은 약 3천억 달러였다.[2]

이더리움의 이야기

2014년 12월, 20살의 러시아계 캐나다인 컴퓨터 프로그래머 비탈릭 부테린은 이더리움이라는 디지털 통화 플랫폼에 대한 자신의 비전을 설명하는 백서를 내놓았다. 백서를 사용하여 소신을 밝히는 것은 비트코인을 창시한 것 외에는 모든 것이 베일에 싸인 암호화폐의 선구자 사토시 나카모토를 모방한 것이었다. 나카모토는 6년 전에 〈비트코인: P2P 전자 현금 시스템〉이라는 제목의 백서를 발표했다. 이 백서는 비트코인이라는 최초의 주류 암호화폐를 탄생시키는 계기가 된 문서로, 비트코인은 물론이고 넓은 의미에서 암호화폐 운동에서 매우 중요한 문건으로 여겨진다.

부테린이 백서를 내놓을 무렵, 비트코인은 이미 금융업계에서 중요한 신흥 화폐로 인정받고 있었다. 암호화폐의 근본 가치를 쉽게 믿지 못하는 사람도 많았지만, 보란 듯이 2011년 2월에 비트코인은 미국 달러와 동등한 가치를 달성했다. 그로부터 얼마 지나지 않아 비트코인 창시자는 '다른 프로젝트를 처리해야 한다'는 핑계를 대며 자취를 감추었다. 그래도 비트코인은 누구도 막을 수 없는 기세로 상승세를 유지했다. 사실 나카모토가 사라진 것이 오히려 비트코인을 더 자극하는 계기가 되었다.

2013년 11월에 비트코인 가격은 1천 달러를 돌파했다. 불과 5년 전만 해도 이론적인 개념에 불과했다는 점을 생각하면 매우 놀라운 성과였다.[3] 비트코인의 성공에 영감을 받은 사람들은 라이트코인, 네임코인, 도지코인처럼 비트코인을 모방한 암호화폐를 내놓았다. 이들은 모두 비트코인의 출시로부터 4년 이내에 등장했다.

　암호화폐는 중앙은행의 도움을 받지 않는데도 고유한 가치를 유지하는 분산형 P2P 온라인 통화다. 처음에는 많은 사람이 반체제 사상을 가진 괴짜 기술자들이 제시한 엉뚱한 아이디어라고 생각했으며, 지금도 그렇게 생각하는 이들이 적지 않다. 2013년이 되자 암호화폐는 일종의 투자 제안으로 진지하게 고려되기 시작했지만, 이듬해 12월에 비트코인의 가치가 350달러로 폭락하면서 투자자들의 신뢰는 또다시 큰 시험을 받았다.[4] 그럼에도 여전히 비트코인 하나에 수백 달러의 가치가 있으므로 암호화폐라는 개념에 장기적인 잠재력이 존재한다고 여기는 사람이 꽤 있었다. 부테린도 그중 하나였다.

　부테린은 1994년 모스크바 근처에서 태어났다. 부모님은 모두 컴퓨터 과학자였다. 6세 때 가족과 함께 캐나다 토론토로 이주했고, 일찍이 수학에 재능을 보였으며 12세 때부터 코딩을 시작했다. 그는 10대 시절에 아버지 드미트리를 통해 비트코인을 접하게 되었다. 그의 아버지는 2008년 금융 위기에 금융계가 무너지는 것을 지켜보면서 당국의 통제를 받지 않는 글로벌 통화 시스템인 비트코인의 아이디어에 호기심이 생겼다. 부테린은 이후《비트코인 위클리》라는 잡지에 기사를 쓰기 시작했고, 18세였던 2012년에《비트코인 매거진》을 공동 창립하여 선임작가를 맡았다.

부테린은 비트코인의 기반이 되는 블록체인 기술에 대해 더 많이 알수록, 이것이 화폐뿐만 아니라 다른 목적으로도 사용되면 좋겠다고 생각하게 되었다. 워털루대학교에서 컴퓨터공학을 전공하고 있던 그는 2013년에 암호화폐 프로젝트에 집중하려 대학을 중퇴했다. 그 후 이더리움에 대한 자신의 비전을 제시하는 백서를 쓰기 시작했는데, 이더리움이야말로 '차세대 스마트 계약 및 분산형 애플리케이션 플랫폼'이라고 설명했다. 이더리움이라는 새로운 오픈 소스 블록체인이라면 프로그래머가 원하는 애플리케이션을 무엇이든 구축할 수 있다는 것이 그의 생각이었다.

백서를 통해 부테린은 비트코인이 화폐단위로서 '중앙은행이 없는 화폐라는 정치적 측면이나 극심한 가격 상승 또는 하락이라는 변동성' 때문에 거의 모든 대중의 관심을 끌었지만, 나카모토의 이 '위대한 실험'에는 또 다른 중요한 측면이 있다고 밝혔다. 바로 '거래 순서에 대한 공개적 합의를 할 수 있는 작업증명Proof of work 기반의 블록체인'이라는 개념이다.[5] (거래 순서가 정확히 정해지고, 네트워크 참가자들이 그 순서가 정확하다고 동의해야만 하는 구조로, 누군가 거래 순서를 바꾸거나 조작할 수 없음. 이러한 합의를 위해 작업증명 방식을 사용.) 부테린은 비트코인의 기반이 되는 디지털 원장ledger 기술인 블록체인을 암호화폐 외에도 소유권 등록이나 신원확인, '스마트 계약(미리 정해진 규칙에 따라 디지털 자산을 자동으로 이동하는 시스템)' 활성화와 같은 다양한 용도로 활용할 수 있다고 제안했다.

이더리움은 작업증명 기반 블록체인에 대한 나카모토의 비전을 구현하기 위해 만들어졌다. 그 비전은 개인 데이터를 저장 및 전송하거나 복잡한 금융거래를 처리할 수 있는 애플리케이션의 기초로 사용하는 것이었다. 그와 동시에, 이더리움은 자체 디지털 통화 이더의 기본 플랫폼으로도 설계되었다. 비트코인과 마찬가지로 이더리움은 가치 저장 수단일 뿐만 아니라, 상품과 서비스를 사고파는 수단으로도 쓸 수 있다.[6] 또한 비트코인처럼 누구나 소스 코드를 확인, 수정, 개선할 수 있는 오픈 소스 소프트웨어 프로젝트로 설계되었다.

부테린은 자신이 쓴 백서를 비트코인 커뮤니티의 친구들에게 보여주었고, 저명한 컴퓨터 과학자 7명과 함께 스위스의 어느 주택에 모여 새로운 플랫폼을 위한 코드를 작성하기 시작했다.[7] 이더리움의 공동 창립자로 알려진 이들은 미하이 알리시Mihai Alisie, 아미르 체트릿Amir Chetrit, 앤서니 디 이오리오Anthony Di Iorio, 찰스 호스킨슨Charles Hoskinson, 조셉 루빈Joseph Lubin, 제프리 윌케Jeffrey Wilcke, 개빈 우드Gavin Wood다.[8] 부테린은 2014년 1월에 열린 마이애미 비트코인 콘퍼런스에서 이더리움을 공식 발표하면서, 이 플랫폼의 목적 중 하나는 특별한 목적을 위한 다양한 하위 통화subcurrencies를 만드는 것일 수 있다고 말했다. "하나의 통화만 사용하지 말고, 수천 개의 통화를 만들자"고 제안한 것이었다.[9]

이더리움을 둘러싼 관심은 계속 커졌다. 2014년 6월에는 이더리움의 인지도를 크게 높여준 사건도 있었다. 부테린이 페이팔의 공동 창립자이자 거대 소셜 미디어 기업인 페이스북의 초기 투자자인 억만장자 피터 틸이 설립하고 후원하는 틸 재단Thiel Foundation에서 10만 달러 상당의 자금을 후원받은 것이다.[10] 한편, 이 플랫폼의 개발과 후원을 관리하고자 설립된 비영리 조직인 이더리움 재단이 크라우드펀딩 캠페인을 성공적으로 주도한 덕분에 프로젝트 개발 자금을 충분히 조달할 수 있었다. 해당 캠페인은 디지털 화폐 이더의 사전 판매를 포함한 것으로, 이더리움의 성공에 필요한 글로벌 생태계를 구축하는 데 많은 도움이 되었다. 그 결과 수많은 개발자나 채굴자, 투자자의 관심을 끌며 프로젝트의 입지를 다지게 되었다.[11] 2014년 11월에는 세계 곳곳에 퍼져있는 이더리움 개발자들이 네트워크의 보안 및 확장성에 대해 논의하는 콘퍼런스를 여는 등 이더리움 개발자 커뮤니티가 점차 성장해갔다.[12]

2015년, 드디어 이더리움이 공식 출범했다. '비트코인이 등장한 후로 암호화폐 업계에서 가장 큰 뉴스'라고 평가될 만큼 많은 기대를 모은 등장이었다.[13] 개발자들은 이더리움의 최신 블록체인 기술을 활용해 새로운 프로젝트를 시작하기 위해 몰려들었다.

그러나 해가 바뀌자 이더리움의 분산형 생태계의 존립에 중대한 시험이 닥쳤다. 2016년 6월에 커뮤니티 주도형 투자 펀드 '더 다오The DAO'가 해킹당한 것이다. 해커들은 당시 유통되는 전체 이더 중에서 4퍼센트가 넘는 6천만 달러 상당의 이더를 빼돌렸다. 해킹 이후, 이더리움 커뮤니티는 투표를 통해 해킹 이전 상태로 돌아가 해커가 빼돌린 돈을 복구하여 손실을 회복하는 방법으로 '하드 포크hard fork'를 선택했다.[14] 이는 이더리움 블록체인의 '불변성'이라는 원칙에 도전하는 것이었기에 이러한 결정을 두고 논란이 있었지만, 장기적으로 볼 때 이더리움이라는 플랫폼에 대한 신뢰도는 훼손되지 않았다.

이더리움은 계속 빠르게 발전했으며, 암호화폐 세계에서 이더는 비트코인을 위협할 정도로 영향력이 커졌다. 2021년에는 특히 암호화폐 가격이 상승한 데다 대체 불가능한 토큰Non-Fungible Token, NFT이라고 불리는 디지털 자산을 향한 관심이 폭발적으로 증가하면서 이더리움의 호황기가 찾아왔다. 이더리움의 스마트 계약 기술로 생성한 NFT에는 예술품 컬렉션과 스포츠 카드 등이 있으며, 가장 유명한 예시는 알고리즘으로 생성한 원숭이 만화 이미지 컬렉션 〈지루한 원숭이 요트 클럽Bored Ape Yacht Club, BAYC〉이다. NFT의 인기에 힘입어 이더의 가격도 급등해 2년

사이에 10배 이상 증가했다.[15]

그러나 2022년 거시경제 전망이 암울해지면서 좋은 시절도 끝나는 것처럼 보였다. 높은 인플레이션 때문에 각국 중앙은행이 금리를 인상하기 시작했고, 사람들은 암호화폐와 NFT에 투자했던 가처분 소득을 줄였다. 은행도 현금을 끌어모으려고 예·적금 이율을 높이기 시작했다. 2021년 11월 이더리움은 사상 최고치인 4,892달러를 기록했으나, 바로 다음 해에 폭락하고 말았다. 다른 암호화폐와 마찬가지로 이더리움도 크립토 윈터crypto winter(화폐시장의 장기적인 약세장-옮긴이) 상태에 빠지고 만 것이다.[16]

설상가상으로 2022년 11월에는 유동성 위기가 닥쳐 암호화폐 거래소인 FTX가 붕괴했다. 이에 따라 규제당국은 디지털 자산을 단속하려는 움직임을 보였다. 2023년 6월, 미국의 증권시장 규제기관인 증권거래위원회는 코인베이스라는 또 다른 암호화폐 거래소를 대상으로 소송을 제기하며, 코인베이스가 '등록되지 않은 국내 증권 거래, 브로커 및 청산 기관'으로 운영되고 있다고 주장했다.[17]

이처럼 논란이 끊이지 않는데도 2022년 6월 최저치를 기록한 이더의 가치는 점차 회복되었고, 이더리움 플랫폼은 더욱 승승장구했다. 벤처 캐피털 회사인 일렉트릭 캐피털Electric Capital이 발표한 연구에 따르면 이더리움은 월별 실사용 개발자가 5천 명 이상으로, 모든 블록체인 네트워크 중에서 가장 많은 개발자를 보유하고 있다.[18] 이 책을 집필하는 시점을 기준으로 투자회사 블랙록은 투자자가 암호화폐를 직접 구매하지 않고도 이더리움에 투자할 수 있도록 현물 상장지수펀드를 출시하겠다고 신청한 상태다.

부테린이 플랫폼의 핵심 인물이며 공동 창립자 중 한 명일 수는 있으나, 이더리움의 공식 대표가 아니라는 점에도 주목해야 한다. 부테린은 이더리움의 철학적 리더로 여겨지며, 《타임》은 그를 '암호화폐 부문에서 가장 영향력이 큰 인물'로 평가했다.[19] 그는 암호화폐 업계에서 손꼽히는 부자이기도 하다. 2021년 5월에는 이더의 가격이 3천 달러의 장벽을 돌파함에 따라 27세의 젊은 나이에 세계 최연소 암호화폐 억만장자가 되었다.[20]

이렇게 부와 명성을 모두 손에 넣었지만, 그는 이더리움을 계속 발전시키려고 애쓰고 있다. 그의 꿈은 이더리움 플랫폼으로 사람들에게 실질적인 가치를 제공하는 것이다. 2023년 CNBC 인터뷰에서 그는 이렇게 언급했다. "제가 이더리움 생태계를 바라보는 방식은 이렇습니다. 지난 10년은 이더리움을 실험하고 완성해나가는 시간이었고, 앞으로의 10년은 사람들이 실제로 사용할 수 있는 것을 만들어내야 하는 시간입니다."[21]

이더리움에 관한 모든 것

《디 인피니트 머신The Infinite Machine》의 저자 카밀라 루소Camila Russo에 따르면, 이더리움이라는 이름은 중세 과학 이론에서 나왔다. 부테린은 온라인 백과사전 위키피디아에서 '에테르ether'라는 단어를 보게 되었다고 한다. 에테르는 지금은 인정되지 않는 개념이지만, 한때 대기를 메우고 있으며 빛의 파동을 전달해주는 미묘한 물질이라고 여겨졌다. 부테린은 중세 사상가들이 에테르를 이해한 방식처럼 자신이 만든 플랫폼이 모든 애플리케이션의 보이지 않는 근간이 될 거라고 생각했다.[22]

이더리움은 블록체인 기반 데이터베이스로서 다수의 컴퓨터에서 업데이트하거나 공유할 수 있다. 지분증명을 기반으로 하는 합의형 메커니즘을 사용하는데, 달리 말하면 네트워크에 블록(데이터)을 추가하려는 사람은 누구나 스마트 계약에 이더를 담보로 설정하고 거래를 검증하는 소프트웨어를 실행해야 한다. 이렇게 검증을 거친 거래는 보상받지만, 문제가 있는 정보나 사기성 데이터를 부적절하게 검증하면 지분의 일부 또는 전부를 잃을 수도 있다.[23] 이더리움은 작업증명 방식을 사용하다가 2022년에 지분증명Proof of stake 합의 방식으로 전환했다. 작업증명 방식(비트코인은 아직 이 방법을 사용함)의 경우 '채굴자'라 불리는 네트워크 참가자들이 수학 문제를 풀어야 블록체인에 새로운 자료를 추가하고 그에 대한 보상을 암호화폐로 받을 수 있다.

이더리움은 수많은 DAODecentralized Autonomous Organization(탈중앙화 자율 조직)의 본거지다. DAO란 공동의 목표를 위해 일하는 공동 소유의 블록체인 관리 조직을 말한다. DAO의 코드 내 미리 포함된 규칙에는 조직의 운영 방식 및 자금 관리 방식이 정해져 있다. 그래서 누구도 단체의 승인 없이 조직을 통제하거나 내장된 금고treasury에 접근할 수 없다. 의사결정은 대개 참여자의 투표를 통해 집단적으로 이루어지며, 이러한 방식은 공정성과 투명성을 유지하는 데 도움이 된다.[24] 이더리움에서 가장 널리 알려진 DAO는 유니스왑Uniswap이라는 탈중앙화 암호화폐 거래소다. 메이커Maker라는 DAO도 있는데, 여기에서는 중개자 없이 암호화폐를 빌려주거나 빌릴 수 있다.

암호화폐 플랫폼으로서 이더리움은 사기, 돈세탁, 불법 상품 및 서비스의 온라인 거래의 온상이 되거나 탈세를 촉진한다는 비난을 받고 있다. 그런데 이런 일은 비트코인과 그 밖의 암호화폐에서도 가능한 것이다. 사실 많은 전문가는 암호화폐를 거대한 폰지 사기(고수익을 약속하며 투자자를 유인하지만, 실제로는 후속 투자자들이 제공한 금액을 다른 투자자들에게 지급하는 방식의 투자 사기) 정도로 여긴다. 사실 부테린도 "암호화폐를 제대로 사용하지 않으

면 상당히 부정적인 결과를 초래할 수도 있다"라고 인정했다.[25]

그러나 이더리움의 놀라운 접근성을 생각해보면, 은행 계좌를 만들 수 없거나 기타 금융 서비스에 접근할 수 없는 사람, 박해로 인해 난민이 된 사람에게는 획기적인 방법이 될 수 있다. 아르헨티나, 파키스탄, 터키처럼 인플레이션이 심각한 시장에 사는 사람들도 이더리움을 통해 부를 저장, 관리, 보존하는 것이 가능하다. 바로 이런 이유로 신흥 경제국에서 이더리움을 포함한 여러 암호화폐의 인기가 날로 높아지고 있다.[26] 현재 약 2만 2천 개의 암호화폐가 있다고 알려져 있으나, 대다수는 비활성 상태이거나 가치가 거의 없는 상태다.[27]

부테린은 이더리움이 누구나 공평하게 돈에 접근하게 해주고, 더 나아가 보다 공정한 투표, 시스템, 도시계획, 보편적인 기본 소득, 공공사업을 이룩하여 지역사회에 긍정적인 영향을 주기를 기대하고 있다. 또한 그는 이 플랫폼이 권위주의를 앞세운 정부나 실리콘밸리의 거대 기술 기업과의 힘겨루기에서 균형을 잡는 역할을 할 거라고 밝혔다.[28]

이더리움은 현재 개발 중인 분산형 3세대 인터넷인 웹3Web3의 기본 구성 요소다. 웹3는 사용자가 구글이나 페이스북 같은 거대 기술 기업에 자기 정보를 주지 않고도 웹에 접근할 수 있게 해준다. 웹3의 기본 결제 시스템은 암호화폐이며, NFT가 디지털 자산의 소유권을 설정, 거래하는 수단이 될 것이다. 웹3는 블록체인 기술을 기반으로 구축된 인터넷으로, 이를 만들고 사용하는 사람들이 직접 소유하고 관리할 수 있다.[29]

스위스 추크 마을에 위치한 비영리 단체 이더리움 재단의 존재는 이더리움 플랫폼의 신뢰도를 높이고 혁신을 촉진하는 중요한 역할을 한다. 이 재단의 목표는 개발자가 플랫폼을 위한 새로운 애플리케이션을 만들 수 있도록 지원하고, 중요한 프로젝트에 리소스를 할당하고, 연구·개발·교육을 금전적으로 지원하여 이더리움의 장기적인 성공을 도모하는 것이다. 이 재단은 블록체인 외부 세계의 사람들에게 이더리움 커뮤니티를 홍보한다. 부테린은 이더리움 재단 이사회 세 명 중 하나다.[30]

성공 비결

이더리움은 단순히 가치를 교환하거나 저장하는 수단이 아니라, 글로벌 분산형 컴퓨팅 네트워크라는 점에서 비트코인과 큰 차이가 있다. 이 플랫폼은 이더라는 자체 암호화폐를 운영하는데, 다른 암호화폐에서도 이 네트워크를 사용하고, 동시에 수천 개의 게임과 금융 앱이 이 플랫폼에서 시행된다. 웹사이트Ethereum.org

에서는 이 네트워크를 가리켜 '탈중심화되어 따로 허가가 필요
없으며 검열을 저항하는 방식으로 앱과 조직을 구축할 수 있는 기
반'이라고 설명한다.[31]

아일랜드 UCD경영대학원의 조교수이자《이더리움의 필수적
요소Absolute Essentials of Ethereum》의 저자 폴 딜런-에니스 박사는
"가장 영향력이 큰 '세계적인 컴퓨터' 블록체인으로서, 이더리움
은 사실상 블록체인에 첫발을 내딛는 모든 사람에게 출발점과 같
다"고 말한다. "이더리움은 또한 비트코인에 이어 두 번째로 가
장 분산화된 블록체인으로, 매우 헌신적인 개발자, 연구원, 관리
자 등 많은 순수주의자purist를 끌어들이고 있다. 이더리움은 기존
사용자에게 꾸준히 관심받을 뿐만 아니라 새로운 사용자에게도
상당히 매력적인 대상으로 여겨진다."

투명성은 이더리움의 주된 성공 비결이었다. 블록체인 기반
의 플랫폼이기에 이더리움의 투명성은 더욱이 높은 수준이었다.
모든 네트워크 참가자는 똑같은 디지털 원장 사본을 갖게 되므
로, 지난 모든 거래 내용을 볼 수 있다. 또한 탈중심화 방식의 네
트워크이므로, 하나의 중앙집권형 개체가 아니라 분산된 원장을
가진 모든 사람이 관리자가 된다. 이더리움 블록체인에서 앱을
사용하는 사람은 자신의 데이터에 대한 통제권을 가지며, 자유롭
게 앱을 사용할 수 있다. 암호화는 네트워크의 보안을 유지하고

거래를 검증하는 데 쓰인다.[32]

　스마트 계약은 이더리움 블록체인의 판도를 또 한 번 바꿔준 계기가 되었으며, 비트코인과의 확실한 차별성을 만들어주었다. 비트코인은 스마트 계약 기능이 아에 제공되지 않는다. 스마트 계약이란 사용자가 통제하는 것이 아니다. 이는 네트워크상에 실행되는 컴퓨터 프로그램으로서 사용자 계정과 상호작용한다. 누구나 상품과 서비스 제공에 관한 스마트 계약을 체결하고 이더로 대금을 지급할 수 있으며, 이를 이더리움 네트워크에 배포할 수 있다.[33] 이런 계약서를 작성할 때는 변호사가 필요치 않다. 일단 계약 조건이 충족되기만 하면 계약은 자동 실행되는데, 상품과 서비스를 제공한 당사자에게 곧장 이더가 지급된다.

　블록 검증이 몇 초 만에 가능하다는 점에서 이더리움은 비트코인보다 빠르다. 블록체인을 작업증명 합의 방식에서 지분증명 방식으로 전환했기에 더욱더 환경친화적이다. 일단 채굴자가 전기를 대량 소모하는 고가의 암호화폐 채굴 장비를 사용해서 거래를 검증할 필요가 없다. 이더리움에서는 고성능 GPU가 아니라, 기본 성능을 갖춘 노트북과 안정적인 인터넷 연결성만 확보하면 거래를 검증할 수 있다. 이더리움 재단은 지분증명 방식으로 바꾼 덕분에 이더리움의 에너지 소비량이 99퍼센트 이상 줄어들 것이라고 밝혔다.[34]

이더리움에는 중앙집중형 단일 감독 개체나 조직이 없으며, 사실상 자치적인 생태계다. 개발자 커뮤니티가 잘 형성되어 있어서 끊임없이 혁신이 이루어진다. 실제로 처음 등장했을 때에 비해 수준이 훨쩍 높아졌다. 개발자들은 항상 네트워크를 개선하거나 새로운 애플리케이션을 개발할 방법을 연구한다.[35] 이러한 역동성을 보면 이더리움이 2021년에 처리한 거래 규모가 11조 6천억 이상이라는 점을 충분히 이해할 수 있다. 이는 결제 서비스 대기업인 비자VISA의 동년도 총거래액보다 훨씬 앞서는 규모이며, 비트코인으로 결제된 거래 가치의 거의 3배라고 할 수 있다.[36]

그러나 한 가지 유의할 점이 있다. 이더리움은 비트코인보다 이점이 많긴 하지만 이더리움이 제공하는 통화 이더는 효과적인 가치 저장 수단으로 여겨지지 않는다. 비트코인은 채굴할 수 있는 코인 총수를 평생 2,100만 개로 엄격히 제한한다. 이와 대조적으로 이더리움은 연간 최대 1,800만 이더를 생성할 수 있긴 해도 평생 발굴 가능한 코인 수를 제한하지는 않는다. 따라서 이더는 암호화폐 인플레이션을 겪을 위험이 있다. 또한 이더는 비트코인과 마찬가지로 급격한 가격 변동을 겪는다. 다시 말해 이더리움의 가치는 가파른 상승과 하락을 반복하는데, 전체적으로 보면 상승 궤도를 유지하는 것이 사실이다.

비트코인과 마찬가지로 이더리움은 개발자와 사용자로 구성

이더리움의 개발자 커뮤니티에는 감독 조직도, 불가능도 없다. 단단하고 자유로운 커뮤니티가 혁신을 이끈다.

된 대규모 글로벌 커뮤니티의 지지를 받으며, 포용성이 크다는 점을 매우 자랑스럽게 여긴다. 전 세계 어디에 살든 인터넷만 가능하다면 누구에게나 열려있다. 이더리움의 분산형 금융 생태계인 디파이DeFi 덕분에 사용자는 세계 어느 곳에서나 대출, 저축, 투자, 기타 거래 및 스트리밍 등의 다양한 금융 상품 및 서비스에 접근할 수 있다. 결제를 차단하는 중앙집권화된 기관이 없으므로 검열에도 강하다.[37]

앞으로 예상대로 웹3가 새로 등장한다면, 탈중앙화 애플리케이션을 생성하고 실행할 수 있는 개방형 플랫폼으로서 이더리움은 엄청난 기회를 얻게 된다. 딜런-에니스는 "이더리움은 웹3 커뮤니티를 실험할 수 있는 허브이며, 혁신적인 신규 애플리케이션의 기본 요소(더 복잡한 컴퓨터 프로그램이나 인터페이스를 구축할 수 있는 데이터 또는 코드)를 일관되게 제공합니다. 개발자가 다른 블록체인을 선택하여 앱을 구축하고 실행하는 경우도 있지만, 실용성을 따지자면 이더리움에서 시작해서 확장해나가는 것이 가장 합리적입니다"라고 말한다.

결과적으로 이더리움은 인터넷의 미래를 구축하고 다양한 산업에 변화를 일으키는 데 도움이 될 것이다. 이는 기술 분야의 영향력을 크게 높여주며, 기본 통화인 이더에도 긍정적인 영향을 줄 것이다. 딜런-에니스는 웹3 생태계에서 이더는 이미 일종의

'준비 자산reserve asset'으로 여겨진다고 평가한다. "이더는 사람들이 다른 자산의 가치를 측정하고 계산하는 방식이며, 지갑이나 탈중심화 애플리케이션에 들어있는 기본 자산입니다. 따라서 저는 이더가 웹3의 기축통화가 될 거라고 생각합니다."

다른 암호화폐 프로젝트처럼 이더리움도 '단기간에 부자가 될 수 있다'는 인식 때문에 어려움을 겪지만, 사실은 평등주의 원칙을 바탕으로 설계되었다. 그 원칙 중 하나가 모든 사람이 금융 시스템에 자유롭게 접근할 자격이 있다는 것이다. 부테린은 이렇게 말한다. "이더리움이 무의미한 플랫폼으로 전락하느니 차라리 몇몇 사람에게 미움을 사는 편이 낫다고 생각합니다."[38]

기존의 것을 밑거름으로 삼아라.

이더리움은 비트코인 창시자 사토시 나카모토의 초기 비전을 확장하여, 더욱 설득력 있는 비전인 '모두가 접근할 수 있는 글로벌 분산형 컴퓨터 네트워크'를 만들었다.

끊임없이 혁신하라.

이더리움은 새로운 애플리케이션을 개발하는 개발자 커뮤니티 덕분에 지속적으로 변화하고 발전하고 있다.

강력한 피어 투 피어 네트워크peer-to-peer network**를 구축하라.**

이더리움을 통해 개인은 다른 사람과 직접 계약을 체결할 수 있고 중개인의 도움 없이 디지털 자산을 상대방에게 전송할 수 있다.

커뮤니티의 영향력을 활용하라.

이더리움의 성공은 강력한 커뮤니티 원칙에 기초하고 있다. 특정 사용자에 의해 통제되지 않고, 사용자 커뮤니티에서 협력하여 운영되는 시스템이다.

강력한 사회적 목적을 가져라.

이더리움의 명시적 사명 중 하나는 모든 사람이 어디에서나 금융 서비스를 누리게 해주는 것이다.

07

짐샤크

피자 배달원의 손에서 탄생한
스포츠웨어계의 유니콘

짐샤크는 영국에 본사를 두고 있으며, 피트니스 의류와 액세서리를 제작·판매한다. 후드티, 티셔츠, 레깅스, 조깅복부터 수영복, 속옷, 가방, 물병에 이르기까지 다양한 스포츠 제품을 보유하고 있다. 소셜 미디어 팔로워는 1,800만 명이 넘고, 14개 온라인 매장을 통해 230개 이상의 국가로 팔려나간다. 영국 본사와 미국에서 근무하는 직원을 포함한 직원 수는 900명이 넘는다.[1] 2022년 회계연도 매출액은 4억 8,450만 파운드였다.[2]

짐샤크의 이야기

지금이야 성공한 다국적 기업이 되었지만, 그들의 사업 초기 모습은 매우 보잘것없었다. 공식 웹사이트에도 적혀있듯이, 짐샤크의 여정은 "2012년 영국 버밍엄의 어느 차고에서 시작되었다. 재봉틀, 인쇄기 그리고 분수에 맞지 않는 커다란 야망이 전부였다."[3] 공동 창립자이자 친구였던 벤 프랜시스Ben Francis와 루이스 모건Lewis Morgan은 원래 피트니스 보조제를 파는 웹사이트를 만들려고 짐샤크를 세웠지만, 영국에서 마음에 드는 피트니스 의류를 찾기 힘들다는 것을 알고는 사업의 방향을 바꾸었다.[4] 초기에 그들은 얇은 끈이 달린 보디빌더용 티셔츠를 판매했다.[5]

회사를 창립할 무렵 두 사람의 나이는 고작 19세로, 대학에서 경영학을 공부하는 중이었다. 동시에 프랜시스는 피자헛의 배달원으로, 모건은 식당 설거지와 매장 점원으로 아르바이트를 하고 있었다. 프랜시스는 어머니가 만들어준 동영상을 보며 바느질을 배우기 시작했다.[6] 그리고 얼마 후 둘은 대학을 중퇴하고 짐샤크를 본격적으로 운영하기로 결심했다.

그들은 먼저 재봉틀과 프린터를 구매한 다음, 옷을 주문받아 제작하기 시작했다. 그리고는 완성된 제품을 유명한 보디빌더에게 보내주었다. 지금으로 말하자면 '인플루언서 마케팅'을 시도한 셈이다.[7] 성공의 돌파구가 되어준 결정적인 사건은 2013년 6월에 일어났다. 두 사람은 '럭스Luxe'라는 운동복을 출시하고, 유튜브에서 유명한 운동선수에게 이 운동복을 입혀 버밍엄에서 열린 바디파워 피트니스 엑스포에 참석하게 하는 기발한 마케팅 전략을 실행했다. 이 전략은 사업이 크게 성장하는 계기가 되었다.

모건은 훗날 이렇게 회상했다. "유명한 유튜버가 제품을 입고 돌아다니게 하는 방식으로 제품을 출시한 것은 누구도 시도하지 않은 방법이었고, 정말 효과적이었습니다. 행사에 가져간 모든 제품을 남김없이 다 팔았죠." 몇 주 후에 온라인에 해당 운동복을 출시하자 30분 만에 3만 유로가 넘는 매출이 발생했다.[8]

럭스가 큰 성공을 거둔 이후로 짐샤크는 수십 명의 직원을 고용한 다음 여성복 라인을 개발하고 전 세계 각국의 엑스포에 참가했다.[9] 짧은 시간에 사업은 매우 빠른 속도로 확장했다. 모건은 이렇게 말한다. "애송이였던 우리 둘은 불과 몇 년 만에 수백만 파운드 규모의 사업을 하게 되었죠. 훌륭한 분들이 도와주신 덕분에 놀라울 정도로 좋은 결과를 냈습니다."[10] 2015년에 프랜시스는 CEO 자리에서 물러났고, 2021년까지 리복의 디렉터 출신인 스티브 휴잇Steve Hewitt이 짐샤크의 영업 디렉터를 거쳐 CEO 자리를 지켰다. 그 시기에 프랜시스는 최고제품책임자와 최고마케팅책임자를 맡아서 운영진을 도와주는 역할을 충실히 해내면서 경영을 배웠다. 그는 2021년 CNBC와의 인터뷰에서 "20대 초반에는 CEO가 나에게 잘 맞는 역할이 아니었습니다. 사업이 매우 빠르게 확장한 것만 보고 내가 가장 유능한 경영자라고 말할 수는 없었습니다"라고 언급했다.[11] 그는 경영 및 리더십 기술을 충분히 갈고닦은 후 2021년 8월에 다시 CEO를 맡아 세계시장으로 브랜드를 확장하려는 포부를 밝혔다. 나이키, 룰루레몬과 같은 액티브웨어 분야의 글로벌 경쟁자에게 도전장을 내민 것이었다.[12]

창립한 지 10년도 되지 않았던 2020년 8월에 미국 사모펀드 제너럴 애틀랜틱이 짐샤크의 지분 21퍼센트를 사들였고, 짐샤크는 10억 달러의 가치 평가를 달성했다. 프랜시스는 30세 미만의 자수성가한 영국인 중 가장 큰 부자가 되었다. 모건은 이미 다른 벤처 사업을 하려고 짐샤크에서 물러났지만, 계속 주주로 남아있다가 남은 지분을 제너럴 애틀랜틱에게 1억 파운드에 넘겼다.[13]

2020년 코로나19 팬데믹이 시작되자 짐샤크의 매출은 전년도 대비 58퍼센트나 증가했다. 사람들이 집에 머무는 동안 건강을 돌보기 위해 헬스나 피트니스를 시작한 덕분이었다. 봉쇄 기간에 수많은 오프라인 매장은 문을 닫을 수밖에 없었지만, 오히려 짐샤크는 온라인 비즈니스의 이점을 톡톡히 누렸다.[14]

2021년에는 미국 내에서 브랜드 입지를 확대하려 콜로라도주 덴버에 북미 본사를 개설했다. 그렇지만 너무 급하고 무리한 확장이었던 것으로 보인다. 결국 2023년 1월에 구조조정을 단행하여 65개의 일자리를 없앴다.[15] 또 다른 주요한 변화는 2022년 10월에 런던의 명소인 리젠트 스트리트에 짐샤크 플래그십 매장

을 개설한 것이다. 온라인 중심 브랜드였던 짐샤크가 오프라인
비즈니스 세계에 진출하려 발을 뗀 전략적 행보였다.

성장의 동력이 된 핵심 가치

오늘날 짐샤크는 "땀을 흘려도 좋은 옷, 운동할 때 영감을 주는 콘
텐츠, 최고의 나를 만들 수 있는 커뮤니티"를 제공하여 모든 사람
이 최고의 모습을 갖추도록 돕는 도구를 만든다고 말한다.[16] 현재
짐샤크는 영국 웨스트미들랜즈주 솔리헐에 위치한 단지에 본사
를 두고 있는데, 이곳에는 웨이트 트레이닝이 가능한 피트니스 클
럽과 체육관도 있다.

그들은 효과적인 디지털 마케팅을 진행하고 유명한 소셜 미
디어 인플루언서를 통해 제품을 홍보해 브랜드 인지도를 높였다.
인스타그램과 트위터(현 X)를 정기적으로 사용하며, 유튜브 채
널도 직접 운영하면서 고객과 팬들에게 운동 영상, 튜토리얼, 동
기를 유발하는 조언 등을 제공한다. 또한 '고객 우선' 정책으로도
유명하다. 일례로 2015년 블랙프라이데이 때 웹사이트에 오류가
생겼는데, 프랜시스는 당시 구매를 포기해야 했던 고객들에게 무
려 2,500통의 손편지를 보내 사과했다.[17]

짐샤크의 성장은 데이터 기반 의사결정을 통해 이루어졌다. 그들은 온라인 매출, 소셜 미디어 참여도, 고객의 피드백과 같은 데이터를 분석하여 고객의 선호도를 정확하게 파악한 다음 이를 제품 개발, 마케팅 전략, 고객 서비스 개선에 활용한다.[18]

요즘 소비자는 자신의 구매 결정이 사회와 환경에 미치는 영향을 중요하게 생각하기에, 지속 가능성은 피트니스 의류 업계에서도 매우 중요한 사안이다. 짐샤크는 이러한 트렌드에 민감하게 반응하여 자사가 환경에 미치는 부정적인 영향을 최대한 줄이고자 노력하고 있다. 일례로 2025년까지 재활용 폴리에스테르 활용을 100퍼센트로 늘리고, 2030년까지 재사용 및 재활용할 수 있는 제품을 디자인하겠다고 공언했다. 또한 인권을 지지하는 여러 활동에 적극적으로 참여하고 있다.[19]

짐샤크의 주요 가치는 인간적인 면모를 잃지 않기(접근할 수 있고 포용적이며 겸손함을 유지함), 관심 갖기(우리가 사는 세상을 인식하고 주변 사람들을 돌봄), 옳은 일을 하기(정직하고 신뢰할 만하며 진실되게 행동함), 짐샤크만의 방식을 찾기(야망을 품고 민첩하게 행동하며, 파괴적 혁신의 정신을 유지함), 그리고 가족을 우선시하기다.[20]

성공 비결

짐샤크는 '단언컨대 21세기에 가장 영향력 있는 피트니스 브랜드 중 하나'라고 평가된다.[21] 어떻게 이토록 대단한 성공을 이룩한 것일까?

처음에 그들이 주목한 것은 영국 시장에서 품질과 기능이 뛰어나면서도 패션 감각을 뽐낼 수 있는 스포츠웨어를 찾을 수 없다는 점이었다. 그때부터 다양한 소비자의 관심을 끌 수 있는 여러 가지 제품군을 개발했다. 최첨단 원단 기술과 디자인 요소를 접목하여 경쟁업체와의 차별성을 도모하여 독특한 브랜드 아이덴티티를 완성했다.[22]

이렇게 프리미엄 아웃도어 의류 브랜드로 우뚝 선 것에 더해 캐주얼 의류와 운동복의 합성을 가리키는 '애슬레저'라는 새로운 분야가 인기를 끌자, 이 분야에서도 성공적으로 자리매김했다. 단숨에 시선을 사로잡는 제품 디자인을 보면 유명 인사들이 그토록 짐샤크에 열광하는 이유를 알 수 있다. 가수인 니콜 셰르징거는 물론이고 제니퍼 가너, 바네사 허진스와 같은 여배우도 짐샤크 제품을 애용한다.

인플루언서 마케팅을 영리하게 활용한 것 또한 브랜드 인기에 큰 영향을 미쳤다. 그들은 사업 초반부터 이 전략을 사용했는데,

그 당시에 다른 기성 브랜드는 인플루언서 마케팅을 많이 시도하지 않았다. 온라인 기반의 사업 모델을 지닌 짐샤크는 최근까지 오프라인 매장이 없었던 만큼, 브랜드 가시성을 높이기 위해 이 전략을 잘 활용했다. 그들은 보디빌더 유튜버 니키 블랙케터Nikki Blackketter, 렉스 그리핀Lex Griffin, 데이비드 레이드David Laid, 피트니스 전문 블로거 새프런 바커Saffron Barker 등 유명한 피트니스 인플루언서와 수년간 협업했다.

사업 초기에 다양한 인플루언서와 협업하다가 나중에는 전 세계로 짐샤크 브랜드를 알리기 위해 운동선수 커뮤니티로 눈을 돌

사업 초반, 짐샤크는 당시 생소했던 인플루언서 마케팅을 적극적으로 펼쳤다.

렸다. 운동선수들이 짐샤크 제품을 입고 세계 곳곳에서 열리는 팝업 행사나 소셜 미디어 사진에 등장하는 것은 브랜드 홍보에 큰 힘을 실어주었다. 선수들이 짐샤크 액티브웨어를 직접 입어보고 피드백을 해준 것도 제품 개선에 도움이 되었다.[23] 인플루언서 마케팅 전략과 피트니스 행사 덕분에 짐샤크는 커뮤니티를 새로 형성하는 데 능숙해졌다. 이러한 시도를 통해 기존 고객들은 적극적으로 나서서 브랜드를 열렬히 지지하고 홍보하기 시작했다.

빈티지 스타일의 가방과 액세서리를 판매하는 브랜드 벤둘라 런던의 패션 전문가 에이미 스미스는 이렇게 말한다. "짐샤크는 소셜 미디어를 활용해서 충성도 높은 팬들을 확보했으며, 인플루언서 마케팅이 많이 쓰이지 않던 시절부터 이 방법을 적극적으로 활용했습니다. 인플루언서 중에서 협업 대상을 선정할 때도 피트니스에 전적으로 몰입하며, 브랜드와 장기적으로 일하면서 결국 브랜드 홍보대사가 될 만한 사람을 선택했죠." 또한 스미스는 짐샤크가 틱톡 해시태그와 챌린지를 활용해서 사용자가 직접 만든 콘텐츠들로 브랜드 홍보 효과를 누렸다고 말한다. 더불어 짐샤크는 팬들이 운동할 때 들을 만한 음악으로 스포티파이용 플레이리스트를 큐레이션하기도 했다.

짐샤크는 고객 경험의 중요성을 명확히 이해하고 있으며, 이는 창립 초기부터 브랜드를 성장시키는 초석이 되었다. 예를 들어 리젠트 스트리트 매장은 옷만 파는 것이 아니라 운동 강습과 개인 트레이닝 수업 세션, 커뮤니티 주도의 헬스클럽과 운동선수 및 브랜드 파트너가 주최하는 각종 이벤트를 제공한다. 또한 '개인 스타일리스트' 팀이 제공하는 맞춤 서비스로 VIP 대우를 받으며 쉴 수 있는 공간도 마련되어 있다.[24] 스미스는 이렇게 말한다. "온라인 사업이 중심이지만 팬이 참석할 수 있는 팝업 이벤트도 꾸준히 하고 있습니다. 종종 전문가들이 등장해 이벤트 참석자와 파트너를 이루어 운동하면서, 피트니스 목표를 달성하기 위한 계획을 세우도록 도와줍니다."

브랜드 인지도 차원에서 볼 때, 짐샤크는 창업자가 직접 운영하는 야심이 크면서도 젊음이 넘치는 브랜드라는 이점이 있다. 창업자가 사업 운영에 적극적으로 참여하면서 고객들과 개인적 친밀감을 형성하게 되었다. 아디다스, 나이키, 퓨마와 같은 대기업 경쟁사에는 이런 점을 기대하기 어렵다. 짐샤크 특유의 넘치는 젊음과 역동성처럼, 장기적인 전망도 매우 밝아 보인다.

진정성 있게 행동하라.

짐샤크의 진정성 넘치는 배경 이야기는 브랜드에 지대한 영향을 준다. 창업주 두 명은 사실 헬스를 아주 좋아하는 운동 애호가로서 질 좋은 운동복을 찾고 있었다. 이러한 개인적인 불편을 해소하려 노력하던 중에 좋은 제품을 직접 만들었고, 결국 다른 피트니스 팬에게도 사랑받게 된 것이다.

차별화된 브랜드를 구축하라.

영리한 마케팅 전략과 제품 디자인을 앞세우고, 품질과 스타일을 모두 개선한 덕분에 이미 포화 상태인 스포츠웨어 시장에서 눈에 띄는 고품질 브랜드를 만들 수 있었다.

인플루언서 마케팅을 활용하라.

짐샤크는 사업 초기부터 인플루언서 마케팅 전략을 사용했다. 인플루언서의 팔로워를 잠재적 고객으로 보고 그들에게 브랜드를 적극적으로 알렸다.

커뮤니티를 구축하라.

짐샤크는 다양한 이벤트와 소셜 미디어 캠페인을 개최하고 여러 인플루언서와 파트너십을 맺는 등 커뮤니티 형성에 앞장섰다. 덕분에 고객과 개인적인 차원에서 소통할 수 있었다.

민첩성을 잃지 말라.

사업 규모가 커져도 짐샤크는 민첩성과 혁신을 우선시하는 창업 정신을 유지하고 있다.

08

헬로우프레시

작은 상자에서 시작한 사업

헬로우프레시는 매주 밀키트를 배송해주는 서비스로, 식사 시간을 혁신적으로 변화시켰다. 2022년 회계연도만 보더라도 전 세계 곳곳에 10억 개 이상의 키트를 배송했으며, 평균 주문 금액은 60유로가 넘는다. 매출은 76억 유로에 달하며, 전년도보다 27퍼센트나 증가했다. 헬로우프레시의 고객은 710만 명이 넘고, 전세계에 약 2만 명의 직원을 두고 있다.[1]

헬로우프레시의 이야기

이 회사는 2011년에 설립되었다. 독일의 억만장자 올리버 삼베르Oliver Samwer는 스웨덴의 밀키트 배송 서비스인 리나스 맛카세

Linas Matkasse라는 독보적인 사업체를 접하게 되었다. 베를린 기반의 스타트업 육성 기업 로켓 인터넷Rocket Internet의 공동 창업자인 삼베르는 밀키트 사업의 성장 가능성을 단박에 알아보았다. 사실 밀키트의 개념은 아주 간단하다. 고객은 매주 특정 횟수만큼 밀키트를 제공하는 서비스에 가입하고, 밀키트업체의 웹사이트에서 원하는 레시피를 선택하면 된다. 그러면 고객이 원하는 수량을 정확히 소분하여 제작한 밀키트 상자가 문 앞에 배송된다.

그는 전 세계 시장에서 밀키트 배송 사업을 시작하기로 마음먹고, 자신의 이름을 널리 알리고 싶어 하는 20대 기업가 도미니크 리히터Dominik Richter, 토마스 그리젤Thomas Griesel, 제시카 닐슨Jessica Nilsson(2015년에 회사를 떠남)의 도움을 받았다. 그들은 로켓 인터넷의 지원을 받아 창립 3개월 만에 베를린 창고에서 만든 헬로우프레시 최초의 밀키트를 배송했다. 초기에는 공동 창립자 세 명과 몇몇 직원이 식재료가 담긴 봉지를 직접 가족이나 친구에게 배달하러 다녔다.[2]

그 무렵 미국에도 블루 에이프런Blue Apron, 플레이티드Plated와 같은 밀키트업체가 연이어 생겨났다. 그러자 헬로우프레시는 경쟁에서 앞서기 위해 발 빠르게 유럽과 호주로 사업을 확장했으며, 런던, 파리, 암스테르담, 시드니에 사무실과 유통 센터를 마련했다. 2012년 9월부터 미국을 본격적으로 공략하기 시작해

2013년에 미국 시장에서도 서비스를 론칭했다.[3]

초기 3년간 마케팅에 3천만 달러 이상을 투자한 결과, 밀키트 구독 고객은 수천 명으로 증가했다. 하지만 모두가 계속 고객으로 남아있는 것은 아니었다. 비즈니스 세계에서 흔히 '이탈률'이라고 부르는 문제였다. 게다가 날이 갈수록 늘어나는 경쟁업체가 헬로우프레시의 매출을 갉아먹어, 그들은 사업 확장을 위한 마케팅에 더 많은 돈을 투자할 수밖에 없었다.[4]

리히터와 그리젤은 사업을 유지하기 위해 자금 조달에 몰두해야 했다. 2014년 6월, 헬로우프레시는 인사이트 벤처 파트너스Insight Venture Partners라는 벤처 캐피털 기업이 개최한 투자 유치에서 5천만 달러를 확보하여 기사 헤드라인을 장식했다. 그때까지 헬로우프레시는 매달 100만 개 이상의 밀키트를 배송하고 있었다. 이듬해에 로켓 인터넷과 인사이트 벤처 파트너스는 1억 2,600만 달러를 추가로 투자했다.[5] 이렇게 자금이 확보되자 기업 가치는 7억 달러로 치솟았고 이들은 IPO를 준비하기 시작했다.[6]

2014년 투자 유치를 할 무렵, 헬로우프레시의 창립 시점부터 CEO를 맡은 리히터는 기업의 비전이 매우 광대하다고 표현했다. 그는 인구의 90퍼센트가 주중에 저녁 식사를 집에서 먹지만, 지난 50년간 식재료를 직접 사다 식사를 준비하는 방식은 전혀 달라지지 않았다고 말한다. 따라서 손쉽게 건강에 좋은 양질의 식사를 가족 및 배우자와 함께 집에서 손수 준비해서 먹게 해준다면 저녁 식사에 대한 고정관념을 바꿀 수 있기에, 헬로우프레시에 매우 특별한 기회가 열려있다고 설명했다. 또한 '더욱더 넓은 식품 시장에서 전혀 새로운 카테고리를 만든 다음 진정한 의미에서 글로벌 소비자 식품 브랜드를 구축'하는 것이 회사의 목표라고 덧붙였다.[7]

헬로우프레시의 미래에 대한 리히터의 포부는 확실히 전 세계 소비자들의 관심을 끄는 것 같았다. 매출은 계속 증가했다. 하지만 가입 취소, 즉 이탈률이 여전히 고민거리였다. 조사해보니 밀키트 가입자의 60~70퍼센트가 6개월을 넘기지 못하고 서비스를 취소하는 것으로 나타났다.[8] 게다가 이 무렵 몇몇 창고에서는 근무 장소가 너무 춥다는 등의 불만이 제기되며 직원에 대한 열악한 처우까지 도마 위에 올랐다.[9]

헬로우프레시는 결국 2017년 11월 프랑크푸르트 증권거래소에 상장되었다. IPO를 한번 연기했다가 2년 만에 상장한 것이었다. 2년 전에는 26억 유로의 기업가치로 상장을 추진했지만, 투자자들이 부담을 느끼면서 헬로우프레시도 계획을 철회했다. 결국 2017년에 상장이 이루어졌을 때의 가치 평가액은 전보다 낮은 17억 유로였다. 2017년 연말 기준, 헬로우프레시는 10개국에 145만 명의 서비스 이용자를 확보했는데, 이는 2014년에 사용자가 고작 17만 명이었던 것에 비하면 괄목할 만한 성장이었다.[10] 상장에 힘입어 사업을 계속 확장한 결과, 2019년 마지막 분기에는 실사용자 수가 300만 명에 육박했다.[11]

2020~2021년 팬데믹 기간은 인터넷 기반의 사업이 오히려 크게 성장하는 시기였다. 헬로우프레시도 그중 하나였다. 스트리밍 서비스 넷플릭스, 성인 콘텐츠 플랫폼 온리팬스, 피트니스 장비 제조업체인 펠로톤Peloton도 마찬가지였다. 놀랍게도 헬로우프레시의 사업 모델은 당시의 사회경제적 상황과 잘 맞아떨어졌다. 봉쇄 조치 때문에 집에서 보내는 시간이 늘어났고, 집에서 식사를 준비하거나 요리할 시간도 많아졌다. 게다가 감염 위험 때문에 마트에서 장을 보거나 계산대에 줄 서는 것을 기피하게 된 사람들이 마트에 가는 횟수를 줄이려 했던 것도 한몫했다.

2020년 제3분기에 헬로우프레시의 매출은 지난해 같은 기간보다 120퍼센트나 증가한 9억 7천만 유로를 기록했다. 고객 주문은 114퍼센트 증가한 1,950만 건이었다. 리히터는 팬데믹 때문에 사람들의 행동 패턴이 크게 달라졌으며, 사회적 거리두기가 해제된 후에도 달라진 행동 패턴은 지속될 것이라고 예상했다.[12]

2021년에 온라인에서 식료품을 구매하는 소비자가 늘어난 것은 헬로우프레시에 큰 이점으로 작용했다. 하지만 밀키트의 인기가 급격히 높아졌다고 해서 어려움이 전혀 없었던 것은 아니다. 단

시간에 사업 규모를 확장하다 보니 생산 설비에 병목현상이 발생했고, 이로 인한 주문 지연에 대한 불만이 이어졌다.[13]

수년에 걸쳐 헬로우프레시는 밀키트 및 즉석식품 부문의 업체를 꾸준히 인수했다. 프리미엄 유기농 브랜드 그린셰프Green Chef, 캐나다의 밀키트업체 셰프스Chefs, 호주의 완조리품 배송 서비스인 유푸즈Youfoodz, 미국의 건강 즉석식품 업체 팩터Factor 등이 있다. 또한 2018년에는 미국에서 끼니당 4.99달러에 간단하고도 신선한 음식을 제공하는 서비스인 저가형 브랜드 에브리플레이트EveryPlate를 내놓았다.

헬로우프레시는 이제 전 세계 밀키트 시장에서 명실상부 강자로 자리 잡았다. 독일에 본사를 두고 있음에도 2022년에 시장점유율 74퍼센트를 자랑하는 미국 최대의 밀키트 기업이 되었다. 가장 가까운 경쟁자 블루 에이프런은 미국에서만 서비스를 제공하는 밀키트 회사로, 시장점유율이 고작 6퍼센트다.[14] 현재 헬로우프레시는 3개 대륙, 16개 국가에서 6가지 밀키트 및 즉석식품 브랜드를 운영한다. 앞으로는 제품과 서비스 수준을 꾸준히 개선하고, 아침용·점심용 등의 다양한 끼니를 제공하여 더 많은 실사용자를 확보하려는 목표를 갖고 있다. 이들은 자사를 '완벽히 통합된 식품 솔루션을 제공하는 기업'이라고 표현하며, 단순한 밀키트 제공업체를 넘어설 것이라고 말한다.[15]

음식물 쓰레기 문제를 해결하다

헬로우프레시는 밀키트가 환경문제에 관심이 많은 소비자가 긍정적인 라이프스타일을 추구하는 방법 중 하나라고 여긴다. 그래서 수준 높은 지속 가능성 생산 기준을 준수하는 공급업체를 통해 현지에서 재배한 신선하고 질 좋은 식자재를 확보한다. 그뿐만 아니다. 제품 포장을 가능한 한 없애거나 줄이거나 재활용하고, 재료의 포장 크기를 신중하게 계산하는 등 새로운 방법을 모색하고 있다. 또한 자체적으로 태양광이나 풍력, 수력 등의 재생 가능한 에너지원으로 에너지를 전환함으로써 탄소 발자국을 줄이는 데도 주력하고 있다.[16]

음식물 쓰레기 문제 해결에 기여하는 것 또한 탄소 배출을 줄이는 또 다른 방법이다. 세계식량계획World Food Programme, WFP에 따르면, 전 세계적으로 사람이 먹기 위해 생산되는 식품의 약 3분의 1이 매년 낭비되거나 폐기된다고 한다. 이를 계산해보면 연간약 13억 톤의 양이 되고, 돈으로 환산하면 약 1조 달러다.[17] 또한유엔에서는 이렇게 낭비되는 음식이 전 세계 식량 시스템의 총에너지 사용량에서 38퍼센트나 차지한다고 밝혔다.[18]

헬로우프레시 밀키트를 주문하면 식사에 필요한 재료를 필요한 수량만큼 정확하게 배송해준다. 이것이 음식물 쓰레기에 미치

공급망 혁신부터 친환경적 운영에 대한 원칙까지, 헬로우프레시의 발걸음은 계속
되고 있다.

는 영향은 꽤 크다. 실제로 한 연구에 따르면 헬로우프레시를 사용하면 슈퍼마켓에서 전통적인 재료를 사용하여 식사를 준비할 때보다 식재료 낭비를 38퍼센트 줄일 수 있다고 한다. 헬로우프레시는 판매되지 않고 물류 센터에 남은 식자재나 제품을 자선단체에 기부하며, 구매한 모든 재료 가운데 생산 시설에서 폐기되는 것은 1퍼센트도 되지 않는다.[19, 20]

성공 비결

저녁 식사에 대한 사람들의 생각을 바꿔놓겠다는 비전을 달성하기까지 10년이 조금 넘는 시간이 걸렸다. 현재 이 기업은 세계에서 가장 유명한 밀키트업체로 성장했다. 과연 그들의 성공 비결은 무엇일까?

많은 경우 창립자의 남다른 열정이나 비전이 사업을 시작하는 원동력이 되지만, 헬로우프레시는 처음부터 철저히 계산된 사업 제안을 따랐다. 올리버 삼베르는 다른 사람이 가진 좋은 아이디어를 알아보고, 그 아이디어가 발전 가능성이 크다는 점을 깨달았다. 글로벌한 밀키트 시장을 장악할 수 있었던 것은 시장에 일찍 진출하여 사업 콘셉트를 효율적으로 실행에 옮겼고, 빠른 속도로 사업을 확장하여 경쟁사보다 앞서 나갔기 때문이다.

헬로우프레시는 기존의 식품 공급망을 혁신함으로써 사람들이 식품을 구매하고 소비하는 방식을 완전히 바꾸어놓았다. 사실 식료품을 사러 가고, 식단을 계획하고, 재료를 손질하여 요리하는 과정을 즐거워하는 사람도 있지만 이런 일을 귀찮아하고 시간 낭비처럼 느끼는 사람도 많다. 헬로우프레시는 식사를 준비하거나 재료를 사러 가는 과정에서 발생하는 어려움을 없애준다. 헬로우프레시를 이용하는 고객도 결국 요리는 직접 해야 하지만, 재료가 미리 잘 준비되어 있고 요리 과정을 구체적으로 알려주므로 식사를 준비하는 일이 훨씬 간편하고 빠르게 진행된다. 직접 마트에 가지 않아도 된다는 것 역시 큰 장점이다.

편리함과 개별 맞춤형 서비스를 제공하는 것도 헬로우프레시가 사랑받는 비결 중 하나다. 고객은 배송되는 상자에 어떤 재료를 넣을지, 언제 배송할지 모두 직접 정할 수 있다. 최소 구매량을 따로 요구하지 않으며 언제든지 배송을 일시 중단하거나 취소할 수 있다. 그리고 주 단위로 식사 인원과 레시피 개수를 변경할 수 있다.

헬로우프레시는 고객에게 영양가 있고 건강에 좋은 식사를 제공한다는 점에 큰 자부심을 느낀다. 전문적인 식단이 제공되므로 고객은 육류 위주의 식사, 페스카테리언pescatarian(고기는 안 먹지만, 해산물은 먹는 채식주의자-옮긴이), 비건, 플렉시테리언, 고단백 칼로리 스마트 식단 등 다양한 옵션을 선택할 수 있다. '간편 조리' 레시피와 가족 맞춤형 레시피도 제공된다. 헬로우프레시의 고객이 매우 다양한 것도 놀랄 일이 아니다. 이렇게 제공되는 레시피가 많은데도 육류 선택이 제한적이라고 느끼는 고객도 여전히 있다.

성공의 주요 동인 중 한 가지는 구독형 서비스를 사용한 것이다. 이렇게 하면 정기적이고 반복적으로 거래가 이루어지므로 총 매출이 꾸준하게 유지되는 데다 예측도 가능하다. 구독하는 사람을 늘리기 위해 무료 혜택을 주거나 시선을 사로잡는 할인 전략도 구사한다.

스위스 로잔호텔경영대학교의 조교수 발렌티나 클레르그 박사는 이렇게 말한다. "헬로우프레시는 신규 고객을 모집하고, 질 높은 제품과 우수한 고객 서비스를 제공하여 이들과 지속해서 거래하는 것을 매우 중요하게 생각합니다. 이러한 전략 덕분에 고객은 수준 높은 음식을 제공받고, 브랜드를 경험하는 내내 기업이 자신을 높이 평가하고 아낌없이 베풀어준다고 생각하게 됩니다. 또한 주문에서 요리까지 이어지는 모든 과정이 매끄럽고 즐거워 고객 충성도가 높아졌기에 남달리 경쟁이 치열한 밀키트 시장에서 헬로우프레시는 승승장구할 수 있었습니다."

요리에 자신이 없거나 이제 막 요리를 배우기 시작한 고객을 위해 헬로우프레시는 조리 과정을 매우 쉽게 만들어준다. 덕분에 고객은 요리에 자신감을 얻게 된다. 게다가 여러 가지 신선하고 영양가가 높은 재료가 제공되며 요리법도 다양하게 알려주고, 밀키트마다 열량·지방·단백질·탄수화물·염분 등 모든 영양 정보가 투명하게 공개되므로 고객은 충분한 정보를 검토하여 자신에게 맞는 식사를 고를 수 있다. 환경문제에 관심이 많은 고객들은 헬로우프레시를 이용하면 음식물 쓰레기가 덜 발생한다는 점에도 주목할 것이다. 직접 마트에 가지 않고 밀키트를 주문하면 음식 재료를 딱 필요한 양만 사게 되므로 음식물 쓰레기가 줄어들기 마련이다.

팬데믹 기간에 물가 상승으로 소비자들이 어려움을 겪을 때 경쟁력 있는 가격 전략을 구사한 것도 사업의 성공에 큰 도움이 되었다. 사실 헬로우프레시의 밀키트가 일반적인 가게나 마트에서 음식 재료를 사는 것보다 비용이 더 들지 몰라도, 외식하는 것보다는 확실히 저렴하다. 원래 밀키트업계는 수익성이 낮은 것으로 악명이 자자한데도 헬로우프레시는 자체적인 노력 덕분에 수익을 높일 수 있었다. 그 비결은 농장에서 직접 재료를 공수하고, 식품 제조업체, 유통업체, 소매업체 등으로 구성된 기존의 식품 공급망을 거치지 않는 것이다.

기업명과 독특한 녹색 로고에서 느껴지듯이 헬로우프레시는 건강하고 건전한 브랜드라는 강력한 이미지와 아이덴티티를 가지고 있다. 적극적인 마케팅 및 광고 전략으로도 유명하며, 실제로 홍보에 아낌없이 투자한다. 일례로 2023년에는 마케팅에만 자그마치 1억 4천만 유로를 지출했다. 이는 총매출액의 18퍼센트에 해당하는 금액이다.[21] 이렇게 과감하게 투자한 덕분에 소비자 사이에서 브랜드 인지도가 크게 상승했다. 이들은 광고판, 지면 광고, 텔레비전 광고, 할인쿠폰이 포함된 전단지 등 전통적인 광고 수법을 통해 다양한 마케팅 채널을 공략하며, 그에 더해 수백 개의 팟캐스트를 후원하고 있다.

페이스북이나 인스타그램과 같은 소셜 미디어 플랫폼을 적극적으로 활용하는 것도 주목할 만하다. 클레르그 박사는 이렇게 설명한다. "헬로우프레시의 소셜 미디어 전략을 요약하자면 시각적으로 화려한 요리 이미지를 보여주고 구체적인 브랜드 홍보용 해시태그를 사용해서 고객이 완성한 식사 사진을 재공유하게 만드는 것이죠. 이렇게 하면 고객들이 서로에게 친밀감을 느끼며 직접 콘텐츠를 생산하려는 동기가 생깁니다. 그러면 브랜드 인지도와 충성도를 모두 잡을 수 있죠."

그들은 인플루언서 마케팅도 잘 활용했다. 일례로 미국의 배우 민디 캘링과 협력하여 만든 'Meals with Mindy' 동영상 시리즈가 있다. 이 시리즈에서 민디 캘링은 요리 과정을 유머러스하게 보여주며 요리의 즐거움을 전달한다. 영국의 방송 진행자 다비나 맥콜을 전면에 내세운 #RefreshWithHelloFresh라는 캠페인도 있다. 집밥에 자신 있는 사람들로 새로운 커뮤니티를 구성하는 것이 캠페인의 목표였다.[22]

이처럼 헬로우프레시는 매우 혁신적인 방법을 끊임없이 시도했으며, 지금도 고객의 기대에 부응하고 사업 효율을 높이면서 환경보호라는 목표에 도움이 되는 더 좋은 방법을 연구하고 있다. 가령 파스타나 곡물처럼 물기가 없는 음식 재료를 담을 수 있는 100퍼센트 재활용 가능한 포장 용기를 직접 개발했다. 또한 인공지능을 사용해서 고객의 이전 주문 정보를 분석한 다음 고객 맞춤형 메뉴 서비스를 제공한다. 앞으로는 다양한 고객 집단을 겨냥한 개별화 마케팅과 개별화된 할인가 제시에도 인공지능을 활용할 계획이다. 이렇게 하면 마케팅에 거액을 투자한 것이 아깝지 않을 만큼 높은 수익을 창출할 수 있을 것이다.[23]

클레르그 박사는 이렇게 데이터를 십분 활용하는 것이 헬로우프레시가 성공한 주요 원인 중 하나라고 판단한다. "고객 피드백, 구매 내역, 요리 선호도를 분석하여 밀키트를 추천하거나 고객 맞춤형 프로모션을 진행한 덕분에 고객 경험을 개선하고 이탈을 방지할 수 있었던 거죠. 고객이 자신의 선택에 만족하며 기업의 제품과 서비스를 높게 평가하기 때문에 고객 만족도와 브랜드 충성도가 둘 다 높아지는 겁니다. 또한 A/B 테스트를 통해 마케팅 전략을 더욱 효과적으로 개선하고 실질적인 데이터를 기반으로 마케팅을 꾸준히 최적화할 수 있었습니다.”

헬로우프레시의 성장은 자연스러운 흐름에만 의존한 것이 아니라, 다른 기업을 인수하면서 멀티브랜드 전략을 적극적으로 추구한 결과다. 2020년에 즉석식품 기업 팩터를 인수한 다음 브랜드 성장에 투자하자, 2021년 연말에 팩터는 즉석식품 시장에서 최대 점유율을 자랑하는 미국 최대 규모의 즉석식품 회사로 성장했다.[24] 이에 헬로우프레시는 팩터라는 브랜드를 캐나다, 네덜란드, 벨기에로 확장했다. 팩터를 통해서 그동안 밀키트 배송 제품을 전혀 사용하지 않던 고객에게 접근할 기회를 얻으려는 의도도 있었다.[25] “헬로우프레시가 세계적인 브랜드로 성장한 덕분에 다양한 나라와 지역에서 정보나 교훈을 얻고 모범 사례를 실천할 수 있게 된 겁니다. 이것도 헬로우프레시의 중요한 경쟁력 중 하나입니다”라고 클레르그 박사는 말한다.

2023년에는 인플레이션과 금리 상승으로 소비자들의 경제적 부담이 커지면서 지출이 줄어들자 밀키트 회사들의 이익률이 큰 타격을 입었다. 그렇지만 밀키트 시장은 향후 10년간 여전히 크게 성장할 것으로 보이며, 선두 주자인 헬로우프레시가 이득을 누리기에 유리한 상황이다. 2021년 밀키트 시장 규모는 150억 달러 이상이었지만, 2027년에는 250억 달러 이상으로 빠르게 성장할 것으로 예상된다.[26]

다만 클레르그 박사는 이 기업이 시장 포화 현상, 다른 밀키트 기업이나 식료품업체, 음식점, 인공지능 기반의 요리 도우미 등과의 치열한 경쟁으로 추후 어려움에 직면할 거라고 말한다. 비용도 큰 문제인데, 갈수록 식자재, 포장, 물류, 인건비가 오르는 데다 고객 유지라는 숙제도 남아있다. 클레르그 박사는 다음과 같이 결론 내린다. "헬로우프레시의 미래는 지속 가능한 혁신을 추구하고, 고객 맞춤형 상품을 개발하며, 변화하는 소비자들의 취향과 경제적 현실에 맞춰 적응할 수 있느냐에 달려있을 것입니다."

큰 비전을 가져라.

헬로우프레시는 단순히 시장을 혁신하려는 것이 아니라, 사람들의 생활 방식을 바꾸고자 했다. 장을 보고 식사 준비를 하는 데 긴 시간을 쓸 필요 없이 편리하게 식사를 준비하는 대안이 있음을 알려주고 싶었던 것이다.

발 빠르게 움직여라.

사업에 먼저 뛰어든 기업이라는 이점을 적극적으로 활용했고, 신속하게 사업을 확장하여 경쟁사 대비 우위를 선점했고, 지금과 같이 시장을 장악하게 되었다.

소비자에게 선택권을 제공하라.

소비자는 구독 서비스에 발목 잡히는 느낌을 좋아하지 않는다. 그들은 자신이 직접 선택하고 결정하기를 원한다. 헬로우프레시의 소비자들은 밀키트의 개수, 식사 인원을 직접 선택할 수 있으며, 언제든지 구독을 취소할 수 있다.

고객들의 개인화 욕구를 활용하라.

식습관에 있어서 소비자의 선호도나 요구사항은 매우 다양하다. 헬로우프레시는 이 점을 관대히 수용하며 전문가의 지식을 빌려 식단을 구성한다.

환경친화적인 기업이라는 신뢰성을 갖추어라.

밀키트에는 많은 포장이 필요하지만, 헬로우프레시는 포장 용기가 환경에 미치는 영향을 최대한 줄이려 노력한다. 우선 혁신적인 기술을 사용하여 식재료의 신선도를 해치지 않는 범위 내에서 주문 건당 사용되는 포장 용기를 최소화하고, 음식물 쓰레기를 줄이려고 여러 방법을 시도한다.

닌텐도

화투에서 마리오 카트까지,
100년간 이어진 혁신

닌텐도는 마리오와 포켓몬 등, 업계에서 가장 값비싼 지식재산권 IP을 보유한 엔터테인먼트 업계의 거물이다. 일본의 유서 깊은 도시 교토에 본사를 두고 있는 이 소비자 가전 및 소프트웨어 전문 기업은 비디오게임과 콘솔 제작으로 특히 유명하다. 닌텐도는 전 세계에 7,600명 이상의 직원을 두고 있으며,[1] 2023년 회계연도의 총매출액이 120억 달러를 넘어섰다.[2] 2024년 2월 기준 닌텐도의 시가총액은 680억 달러로, 세계 249위에 해당하는 기업가치를 기록했다.[3]

닌텐도의 이야기

닌텐도는 거의 100년 이상의 긴 역사를 자랑하는 엔터테인먼트 기업으로, 이 책에 소개된 기업 중 가장 오래되었다. 1889년에 기업가 야마우치 후사지로가 수제 하나후다(꽃이 그려진 카드, 일본식 화투)를 파는 가게를 연 것이 닌텐도의 시작이다. 당시 일본 정부는 도박과 관련이 있다는 이유로 숫자가 그려진 카드로 게임을 하는 것을 금지했다. 대신 그가 만든 하나후다는 뽕나무와 동양 삼지닥나무의 껍질로 만들어졌고, 바람이나 비, 사슴, 달, 국화 등의 상징물이 그려져 있었다.[4]

후사지로는 가게 이름을 '닌텐도 코파이'라고 지었다. 영어로 닌텐도는 '하늘에 운을 맡긴다'라는 뜻이고, 코파이는 '카드 게임을 하다'라는 뜻이다. 하나후다는 큰 인기를 끌었고 후사지로는 오사카 등 다른 지역에도 매장을 열었다. 1907년부터는 서양식 카드를 대량 생산하여 매장에서 판매했다. 또한 일본 담배 소금 공사와 파트너십을 맺고 담배 가게에서도 카드를 판매했다. 이러한 전략은 큰 성공을 거두었다. 1929년에 닌텐도 코파이는 일본에서 가장 큰 카드 게임 회사가 되었다.[5]

20년이 지난 1949년, 후사지로의 증손자 야마우치 히로시는 21세의 나이로 할아버지 세키료의 뒤를 이어 닌텐도의 3대 대표를 맡게 된다. 그의 등장은 회사에 중요한 변화를 가져오는 전환점이 되었다. 불굴의 의지를 통해 히로시는 회사를 53년간 철권으로 다스렸다. 그의 감독 아래 닌텐도는 일본의 카드 게임 회사에서 다국적 비디오게임의 제왕으로 변모했다. 히로시의 개인 재산이 얼마나 늘었는지 보면 그의 성공을 가늠할 수 있다. 2008년에 그는 순자산 78억 달러를 보유한 일본에서 가장 부유한 인물로 선정되었다.[6]

히로시는 즉석밥, 택시, 시간 단위로 묵을 수 있는 러브호텔 등 다양한 사업을 시도한 후에 장난감 사업에 집중하기 시작했다. 마침 기존의 카드 게임 유통 경로를 사용해서 장난감 가게나 백화점에 장난감 제품을 판매할 수 있었다. 닌텐도는 승승가도를 달렸으며 1962년에는 오사카증권거래소와 교토증권거래소에 상장한 기업이 되었다.

1960년대에는 탁상용 축구 게임, 늘어나는 손 모양의 장난감 '울트라 핸드', 블록 세트 등 수많은 장난감을 개발했다. 그리고 전기 장난감 분야에도 진출하여, 1980년 휴대용 계산기 기술을 기반으로 휴대용 비디오게임 시리즈 '게임&워치'를 출시하면서 유례없는 성공을 거두었다. 같은 해에는 미국에 전액 출자 자회사인 닌텐도 오브 아메리카Nintendo of America를 설립했다.

1970년대에 들어와서는 아케이드용 비디오게임기를 개발하여 판매하기 시작했다. 그중에서도 목수가 드럼통을 던지는 원숭이와 싸우는 아케이드 게임 '동키콩'이 특히 큰 성공을 거두었다.[7] 1981년에 출시된 이 게임은 또 다른 닌텐도 비디오게임 개발자이자 게임&워치를 탄생시킨 요코이 군페이의 제자 미야모토 시게루라는 젊은 개발자가 만든 것이었다.

동키콩의 메인 캐릭터는 긴 콧수염과 옅은 파란색 눈의 목수다. 그의 이름이 바로 마리오다. 마리오라는 이름은 당시 닌텐도의 아케이드 기계를 보관하고 있던 미국 창고의 소유주 마리오 세갈의 이름에서 따온 것이라고 한다.[8] 동키콩은 대성공을 거두어, 출시 첫해에만 1억 8천만 달러의 매출을 기록했다.[9]

동키콩의 성공에 힘입어 닌텐도는 마리오가 다시 등장하는 동키콩 주니어라는 속편을 출시했다. 이 게임 역시 히트를 치자 그들은 대표 캐릭터를 조금씩 다른 다양한 게임에 등장시키는 것이 아주 효과적이라는 점을 배우게 되었다.[10] 마리오가 등장한 그다음 작품은 1983년에 출시된 '마리오 브로스'라는 아케이드 게임이다. 이번에는 마리오가 배관공으로 변신했고, 그의 동생 캐릭터인 루이지가 새로 등장했다.

이제 닌텐도는 미국의 비디오게임 업체이자 이 분야의 선구자인 아타리Atari와 경쟁하기 위해 (컴퓨터게임 전용으로 사용되는 특수화된 컴퓨터인) 게임 콘솔 분야에 진출하기로 했다. 1983년, 닌텐도는 패밀리 컴퓨터 시스템Family Computer System, 즉 줄여서 '패미컴Famicom'이라고 불리는 콘솔을 출시했다. 일본이 아닌 해외시장에서는 이 콘솔을 '닌텐도 엔터테인먼트 시스템Nintendo Entertainment System, NES'이라고 불렀다. 멀티플레이 게임이 가능한 두 개의 컨트롤러가 있는 이 콘솔은 출시 후 얼마 지나지 않아 일본에서 가장 많이 팔리는 게임 콘솔로 자리 잡았다.

2년 후, 닌텐도는 1983년에 출시된 아케이드 게임의 후속작 '슈퍼마리오 브라더스'와 닌텐도 엔터테인먼트 시스템을 패키지로 판매하기 시작했다. 슈퍼마리오 브라더스는 닌텐도가 만든 최고의 게임 중 하나로 꼽히며, 《워싱턴 포스트》는 이를 당시 어려움을 겪고 있던 비디오게임 산업의 구원투수로서 "아마 역사상 가장 영향력 있는 비디오게임"일 거라고 평가했다.[11] 슈퍼마리오 브라더스의 인기는 날로 높아져서 닌텐도 엔터테인먼트 시스템은 미국에서 날개 돋친 듯 팔려나갔고, 마리오라는 캐릭터는 대중문화의 아이콘으로 자리 잡았다. 그 후로는 게임뿐만 아니라 책, 영화, TV 만화에도 마리오가 등장했다.

1986년에는 '젤다의 전설'이라는 판타지 비디오게임이 출시되어 또 한 번 대성공을 거두었다. 현명한 공주 젤다, 주인공 영웅 링크, 악당 가논돌프가 등장한다. 미야모토가 설계한 이 게임은 한 번에 최대 점수를 기록하고 끝나는 방식이 아니라 여러 단계를 거쳐야 했기에 플레이 시간이 매우 길었다. 그래서 한 가지 혁신적인 신기능이 추가되었다. 게임을 잠시 멈추었다가 다른 날 다시 시작할 수 있는 저장 기능이었다. 이 기능은 그 후로 출시되는 콘솔 기반 게임의 기본 구조와 방식을 완전히 바꿔놓았다.[12]

그다음 상업적으로 크게 히트한 작품은 요코이가 설계하여 1989년에 선보인 게임보이라는 휴대용 게임기였다. 게임보이는 단순하고 가격도 저렴한 데다, 여러 사람이 함께 게임을 즐길 수 있는 기능까지 있었다. 이 기기의 등장으로 휴대용 게임기가 주류 상품으로 자리 잡았고, 테트리스라는 퍼즐 비디오게임과 묶어서 판매되었다. 게임보이는 출시되자마자 일본과 미국에서 매진될 정도로 큰 인기를 얻었다.

1996년에 닌텐도는 '포켓몬스터'라는 새로운 캐릭터 브랜드를 선보였다. 포켓몬은 인간과 공존하면서 특별한 힘을 발휘하는 판타지 캐릭터다. 원래 10세 미만인 아동을 겨냥한 것이었으나 출시되자마자 전 세계적으로 큰 사랑을 받았고 오히려 성인에게도 인기가 많았다. 포켓몬은 게임보이의 롤플레잉 게임인 '포켓몬스터 레드'와 '포켓몬스터 그린'에 처음으로 등장했으며, 닌텐도는 트레이딩 카드 게임, 책, 애니메이션 영화, 홍보 상품에도 포켓몬을 활용했다.

포켓몬스터를 선보이고 20년 후, 닌텐도와 포켓몬컴퍼니라는 합작회사는 미국 소프트웨어 개발사 나이언틱Niantic과 손잡고 증강현실 모바일 게임 '포켓몬 고'를 개발했다. 포켓몬 고는 세계적인 인기를 구가한 게임 중 하나가 되었다. GPS 기술과 증강현실 기능을 사용한 덕분에 사용자는 현실 세계를 돌아다니면서 포켓몬 캐릭터를 잡거나 훈련할 수 있다. 2021년에 포켓몬 캐릭터는 헬로키티, 곰돌이 푸, 미키 마우스, 스타워즈를 제치고 세계에서 가장 많은 수익을 올린 미디어 IP로 선정되었다.[13]

1990년대에서 2000년 초반까지 닌텐도는 가정용 비디오게임 시스템과 휴대용 비디오게임 시스템 양쪽 분야에서 꾸준히 혁신을 이어갔다. 1990년에는 슈퍼 닌텐도 엔터테인먼트 시스템SNES을, 2001년에는 게임보이 어드밴스와 닌텐도 게임큐브를 출시했다. 2004년에 출시한 닌텐도 DS 또한 전무후무한 인기를 얻었다. 닌텐도 DS는 터치스크린 방식의 컨트롤을 사용하여 게임업계의 판도를 바꿔놓았다. 내장된 마이크, 와이파이 연결, 멀티플레이어 기능 덕분에 다른 사용자와 무선으로 함께 게임을 즐길 수 있다는 것이 특징이다.[14]

2006년에는 또 한 번 대규모 혁신이 이루어졌다. 닌텐도 위Wii라는 콘솔 시스템이 출시되자마자 폭발적인 인기를 끈 것이다. 모션 컨트롤에 전적으로 의존하는 이 콘솔 시스템은 마리오 카트와 같은 기존의 비디오게임은 물론 탁구, 골프, 볼링, 댄스와 같은 가상 게임도 할 수 있는 기기였다. 위는 출시 기간 내내 1억 대가 넘게 팔려나갔다.[15] 2013년 10월에 단종되었으나, 위 미니Wii mini 는 2017년까지 생산, 판매되었다.

위의 뒤를 잇는 새로운 휴대용 비디오게임기로는 2008년에 출시된 닌텐도 DSi, 2011년에 출시된 닌텐도 3DS를 들 수 있다. 그런데 2011년에 닌텐도는 큰 고비를 겪었다. 2012년 3월 31일 에 끝나는 회계연도에 닌텐도는 사상 처음으로 연간 순손실을 기록했다. 위 게임 콘솔의 매출이 감소한 데다 엔화 강세 때문에 432억 엔(5억 3,300만 달러)이라는 손실이 발생한 것이다. 게다가 스마트폰으로 게임을 즐기는 게이머들이 증가하면서 게임 콘솔 을 구매하는 사람들이 줄어든 것도 닌텐도의 사업에 적잖은 타격 을 주었다.[16] 이런 상황에서 (야마우치 히로시가 2002년에 은퇴하고 나서 후임으로 등장한) 이와타 사토루 사장은 위유Wii U의 출시를 발 표하며 신제품의 판매가 초기에는 회사에 손실을 초래할 것이라 고 말했다. 그들은 즉각적인 이익은 포기하고 콘솔 및 소프트웨 어 판매에서 추후에 이익을 극대화하려는 계획이었다.[17]

하지만 상황은 기대와 다르게 흘러갔고, 닌텐도의 재정은 나아 지지 않았다. 2015년까지 손실이 발생하다 2015년 3월 31일에 끝나는 회계연도에 와서야 410억 엔(3억 5천만 달러)의 수익을 창 출했다.[18] 그 전까지는 몇 년간 위유의 판매 부진으로 어려움을 겪었다. 아마 휴대용 터치스크린이 기존 위의 모션 컨트롤에 비해 사용자에게 불편하게 느껴지는 것이 문제였을 것이다. 게다가 위 유는 닌텐도가 내놓은 다른 콘솔보다 비싼 편이었다. 이렇게 판매가 부진했던 시기에 설상가상으로 소니의 플레이스테이션4와 경쟁이 벌어졌는데, 2013년 11월에 출시된 플레이스테이션4는 소니 역사에서 가장 많이 팔린 제품 중 하나였다.

그러나 닌텐도는 혁신을 추구하고 기꺼이 위험을 감수하는 태도를 앞세워 위기를 빠져나왔다. 2017년, 닌텐도는 휴대용 콘솔로도 활용할 수 있는 저가형 가정용 비디오게임기 '닌텐도 스위치'를 출시한다. 닌텐도 스위치는 그야말로 대박을 터트렸다. 파격적인 디자인을 앞세워 게임 시장의 틈새를 공략했다. 출시 당일부터 인상적인 퍼스트파티first party(하드웨어 제조업체가 직접 만들거나 출시하는 게임-옮긴이) 게임 라인업을 선보여 게임 마니아들에게 폭발적인 반응을 얻었다. 또한 다양한 인디 게임으로 구성된 라이브러리도 제공했다.[19]

2019년에는 스위치의 성공을 이어가며 스위치 라이트를 출시했다. 스위치 라이트는 콤팩트하고 가볍고 휴대성이 뛰어난 스위치로, 이동 중에도 게임을 즐길 수 있도록 설계되었다. 그러다 전 세계가 팬데믹 역풍을 맞은 2020년 3월에는 '모여봐요 동물의 숲'이라는 스위치 콘솔용 게임을 발표했는데, 이 게임은 봉쇄 조

위기에 몰렸음에도 혁신의 실마리를 놓지 않은 닌텐도가 탄생시킨 역작, 닌텐도 스위치.

치 때문에 격리된 많은 사람들에게 게임 속 가상의 마을에서 서로 어울리며 상호작용할 수 있도록 도와주면서 큰 인기를 얻었다. 스위치 라인업은 지금까지 1억 3,200만 대 이상 판매되었으며,[20] 1억 5천만 대 이상 판매된 닌텐도 DS에 이어 두 번째로 많은 판매 기록을 세웠다.[21]

　반세기 이상 닌텐도를 이끌어온 야마우치 히로시는 2013년에 85세를 일기로 세상을 떠났다. 《가디언》은 그의 죽음을 애도하면서 야마우치가 닌텐도를 '디즈니보다 더 거대한 글로벌 브랜드'로 성장시켰다고 평가했다. 정작 본인은 비디오게임을 즐기지 않는데도 기업가로서 남다른 통찰력을 발휘했으며, 사업 초반부터 닌텐도의 게임 사업에 많은 관심을 기울였다. 그는 게임 콘솔에 반드시 최첨단 기술이 필요한 것은 아니지만, 재미있고 누구나 비용 부담 없이 즐길 수 있어야 한다고 생각했다.[22] 이러한 접근법은 기업에 큰 수익을 안겨주었으며, 닌텐도는 지금까지도 이 철학을 고수하고 있다.

게임 시대를 앞서가다

닌텐도의 역사를 논할 때 세가, 소니, 마이크로소프트를 비롯한 다른 게임 콘솔 개발업체와의 치열한 경쟁을 빼놓을 수 없다. 이러한 경쟁 때문에 닌텐도는 끊임없이 혁신에 몰두했으며 주기적으로 게임 시장에 새로운 제품을 선보였다.

세가도 닌텐도처럼 1970년대에 아케이드 게임을 개발했고 1980년대에는 SG-1000 콘솔을 앞세워 닌텐도 엔터테인먼트 시스템과 맞붙었다. 1988년에는 메가 드라이브라는 또 다른 콘솔을 출시했다(북미 지역에서는 '제네시스'라는 이름으로 출시). 1991년에 출시한 '소닉 더 헤지혹' 게임 시리즈가 인기를 끌면서 세가는 2000년 이전까지 비디오게임 업계의 선두 주자 자리를 지켰다. 그러나 1998년에 출시한 드림캐스트 콘솔이 참패하고 소니의 플레이스테이션이 큰 인기몰이를 하자, 세가는 콘솔 시장에서 물러나 서드파티third party(콘솔 게임기 업체에서 라이선스를 받아 게임만 제작하는 업체-옮긴이) 개발업체로서 비디오게임 제작에 집중하게 된다.

아이러니하게도 닌텐도 콘솔 제품라인의 최대 경쟁자로 부상한 소니 플레이스테이션은 닌텐도가 마이크로칩 공급업체인 소니와 1991년에 맺은 파트너십에서 탄생한 것이다. 당시 닌텐도는 슈퍼 닌텐도 엔터테인먼트에 CD 기반의 추가형 콘솔을 개발해달라고 요청했다. 닌텐도 플레이스테이션이라는 이름도 미리 정해두었다. 그런데 닌텐도는 방향을 바꾸어 소니를 버리고 네덜란드에 본사를 둔 기술업체 필립스와 손잡기로 했다. 결과를 보면 이 결정은 전략적으로 중대한 실수였다. 소니는 열심히 개발한 제품이 버려지는 것을 원치 않았기에 1994년에 플레이스테이션을 하나의 독립형 제품으로 출시했는데, 플레이스테이션1PS1으로 알려진 이 콘솔이 현실감 넘치는 3D 게임을 제공하며 게이머들에게 큰 인기를 얻은 것이다.[23]

소니는 6년 뒤에 플레이스테이션2PS2를 출시했다. 가족이 함께 즐기는 엔터테인먼트 시스템을 지향했으며, DVD 플레이어가 매우 비싸던 그 시절에 DVD까지 완벽히 지원해주는 신제품이었다.[24] 플레이스테이션2는 1억 5,500만 대 이상 판매되어 현재까지 전 세계에서 가장 많이 팔린 콘솔로 꼽힌다.[25] 소니는 2006년에 PS3, 2014년에 PS4, 2020년에 PS5를 출시했고, 매번 수천만 대 이상 판매했다. 그러는 동안 플레이스테이션이라는 브랜드는 사실상 게임업계의 대명사로 자리 잡았다. 소니는 닌텐도의 공급업체에서 가장 큰 경쟁업체가 되었다. '비디오게임 업계에서 소니의 성공을 과대평가하기란 쉽지 않다'는 이야기가 나올 정도였다.[26] 아무리 과장해서 말한다 해도, 소니가 이룬 실제 성과가 그 이상이었기 때문이다.

2001년 11월 15일, 닌텐도가 큐브형 게임 콘솔 게임큐브 출시까지 불과 사흘을 남겨둔 그때, 마이크로소프트가 엑스박스라는 콘솔을 판매하기 시작했다. 당시 마이크로소프트로서는 일종의 도박을 시도한 것이었다. 비디오게임 시장은 닌텐도, 소니, 세가라는 3대 기업이 장악하고 있었으며, 플레이스테이션2가 출시된 지도 1년이 채 지나지 않은 때였다. 게다가 마이크로소프트는 하드웨어 업체가 아니라 소프트웨어 개발업체로 알려져 있었다.

엑스박스는 최초로 개인용 컴퓨터처럼 만들어진 게임 시스템이었기에 PS2보다 처리 용량이 2배 이상 컸다.[27] 내장 하드 드라이브가 있어서 사용자가 데모나 추가 콘텐츠를 다운로드하고 저장할 수 있었다. 윈도우2000 운영체제에서 작동되었기 때문에, 닌텐도나 소니의 콘솔에 비해 제3의 개발자들이 새로운 게임을 개발하기가 더 쉬웠다.[28] 엑스박스가 출시되자마자 '헤일로: 전쟁의 서막'이라는 공상과학 1인칭 슈팅 게임이 출시되어 큰 인기를 끌었고, 이는 엑스박스의 성공에 핵심적인 역할을 했다. 인터넷으로 여러 사람이 겨룰 수 있는 온라인 게임 네트워크인 '엑스박스 라이브'도 엑스박스 시리즈의 성공에 이바지했다.

알려진 바에 따르면 마이크로소프트는 엑스박스를 개발하느라 50억 달러가 넘는 손실을 보았으나, 이 콘솔은 2005년에 출시된 엑스박스 360의 기반을 마련하는 데 중요한 역할을 했다.[29] 엑스박스 360은 마이크로소프트의 베스트셀러 상품이 되었으며, 전 세계적으로 8,500만 대 이상이 팔려나가는 등 소니의 플레이스테이션에 맞서는 경쟁상품으로 자리 잡았다.[30] 엑스박스 360 이후로 마이크로소프트는 엑스박스 시리즈를 꾸준히 출시하고 있다. 마이크로소프트는 소니의 비디오게임 콘솔 시장 점유율 45퍼센트에는 못 미치지만, 약 27퍼센트인 닌텐도와는 점유율이 크게 차이 나지 않는다.[31] 소니와 마이크로소프트는 최신 기술과 그래픽을 갖춘 콘솔을 개발하느라 경쟁을 벌였지만, 닌텐도는 위의 모션 컨트롤과 같은 혁신적인 콘솔 기능과 게임을 앞세워 차별화를 도모했다. 이들 셋은 현재 비디오게임 업계의 '빅3'로 알려져 있다.

성공 비결

닌텐도는 오래전에 설립된 기업이긴 하지만, 청소년을 겨냥하기에 역동성이 무엇보다도 중요한 비디오게임 및 콘솔 시장에서 여전히 시장의 선두 주자로 인정받고 있다. 이렇게 오랫동안 시장에서 지배적인 위치를 유지한 비결은 크게 창의력, 탄력성, 기꺼이 방향을 바꾸려는 열린 태도로 요약된다.

아일랜드에 있는 더블린국립대학교의 부교수 알레시아 파카니니 박사는 이렇게 설명한다. "닌텐도는 1889년에 카드 게임 회사로 시작했죠. 그러나 놀라운 변화를 거쳐 비디오게임 분야의 강자로 거듭났습니다. 무엇보다도 1981년에 동키콩을 성공적으로 출시한 것과, 1985년에 닌텐도 엔터테인먼트 시스템을 출시한 것이 가장 큰 업적입니다. 덕분에 닌텐도는 세계적으로 호평받는 기업으로 성장했습니다."

현재 닌텐도는 주식회사지만 창립 이래로 지금까지 가족 기업 정신을 유지하고 있다. 야마우치 히로시 전 대표는 사망 당시 주식 10퍼센트를 보유하고 있었다.[32] 가족 기업 정신이야말로 닌텐도가 안주하지 않고 민첩성을 유지한 채 장기적으로 미래를 내다보고, 세계적인 수준의 비디오게임 디자이너들을 포함한 유능한 직원을 새로 영입하거나 계속 근무하도록 설득하는 데 도움이 되

었다. 실제로 닌텐도는 일본에서 98.8퍼센트라는 매우 높은 고용 유지율을 자랑한다.[33]

지난 100여 년을 돌이켜보면 닌텐도는 사업을 확장하고 비디오게임 시장을 혁신하기 위해 철저히 계산된 위험을 기꺼이 감수했다. 처음에는 카드 게임을 판매했지만, 게임 분야의 변화에 맞추어 아케이드 게임, 온라인 게임 등으로 방향을 빠르게 수정했다. 새로운 게임 시리즈의 인기 캐릭터도 닌텐도의 성공에 한몫했다. 게임 콘솔이 단종된 후에도 이런 캐릭터들은 오랫동안 대중의 머릿속에 각인되었다.

창립자의 가족들도 기업의 성공에 꾸준히 도움을 주었는데, 대표적인 인물로는 창립자인 야마우치 후사지로와 그의 사위인 세키료, 증손자 히로시 등을 꼽을 수 있다. 특히 히로시는 카드 게임 업체를 엔터테인먼트 업계를 대표하는 세계적인 리더로 키우겠다는 목표를 설정하고 노력하여 닌텐도 성공에 가장 큰 원동력을 제공했다.

닌텐도가 일본에 본사를 두고도 전 세계 시장의 선두 자리를 오랫동안 차지한 것은 결코 우연이 아니다. 일본은 세계에서 가장 오래된 기업들이 자리한 곳으로, 일례로 오사카에 본사를 둔 건축회사 곤고구미Kongo Gumi는 무려 1,400년이 넘는 역사를 자랑한다. 닌텐도 역시 시간이 지나도 끊임없이 혁신을 도모하는 장

수 기업 문화에 깊이 뿌리내리고 있다.

닌텐도 비즈니스 모델의 핵심은 고품질 게임과 저렴한 하드웨어를 생산한다는 전략이다. 바로 이 전략 덕분에 1980년대 미국의 선구적인 게임 콘솔 업체인 아타리와 마그나복스Magnavox와의 경쟁에서 밀리지 않았다.³⁴ 이 전략은 지금도 닌텐도가 큰 저력을 발휘하는 기반이 된다. 닌텐도의 특기는 더 많은 소비자에게 접근하기 위해 적정한 가격대의 제품을 출시하는 것이다. 그러면서도 전반적으로는 가격에 대해 매우 유연한 모습을 보인다. 시장에 처음 출시되는 제품은 상대적으로 높은 가격에 출시했다가 수요나 경쟁사의 활동에 따라 가격을 내리기도 한다.

무엇보다 닌텐도는 창의성을 최우선으로 하는 혁신적인 기업으로 잘 알려져 있다. 게임업계에서 활동한 기간 내내 닌텐도는 혁신의 최전선에 있었다. 슈퍼마리오나 포켓몬과 같이 대대적인 인기를 끌었던 콘텐츠 IP를 만들기도 했고, 게임보이와 같은 휴대용 게임기, 위와 같은 모션 컨트롤 방식의 게임 시스템도 선보였다. 닌텐도의 눈부신 혁신을 논할 때 스위치도 빼놓을 수 없다. 스위치는 가정용 비디오게임 시스템과 휴대용 콘솔을 결합한 새로운 하이브리드 방식의 게임기로, 전통적인 게임 플레이 방식을 바꿔놓았다. 파카니니 박사는 다음과 같이 설명한다. "전통을 매우 중시한 것도 사실이지만, 새로운 트렌드나 신기술에 적응하는 것도 겁내지 않았습니다. 그들은 독창적이고 재미있는 게임 경험을 창출한다는 기업의 핵심 철학과 부합하기만 하면 새로운 것을 거리낌 없이 받아들였습니다."

특히 닌텐도는 우수한 품질의 퍼스트파티 게임(자사의 콘솔에서만 즐길 수 있도록 개발한 게임)으로 유명하다. 위 스포츠, 마리오 카트8, 포켓몬 레드, 슈퍼마리오 브라더스, 모여봐요 동물의 숲, 테트리스 등 독보적인 성공을 거둔 게임이 한두 개가 아니다. 이러한 인기 게임을 닌텐도 비디오 콘솔에서만 누릴 수 있게 설계한 것은 사업 성공의 핵심 비결이었다. 물론 외부 게임 개발자들과 공동으로 게임을 개발할 때도 있다. 일례로 닌텐도 스위치는 6,700개 이상의 서드파티 게임을 보유하고 있다.[35]

파카니니 박사의 설명은 다음과 같다. "시장의 수요를 맞추는데 허둥대지 않고 완성도 높은 게임을 개발하는 데 주력한 덕분에 닌텐도의 게임은 언제나 널리 극찬받았습니다. 이렇게 양보다 질을 중시하는 것이 브랜드의 핵심 전략이죠." 또한 그녀는 닌텐도가 가족 친화적인 게임 경험을 제공하는 기업으로 스스로를 효과적으로 포지셔닝했다고 덧붙인다. "이러한 전략은 여러 연령층의 관심을 끌어들여, 닌텐도가 폭넓고 다양한 사용자층을 사로잡을 수 있도록 했습니다."

닌텐도를 대표하는 콘텐츠 IP는 그 자체로 특별히 언급할 가치가 있다. 브랜드 가치를 높여주고 오랫동안 게임 사용자의 충성도를 유지해주며, 상품성이 좋은 지식재산권으로서 회사에 큰 수익을 가져다주었다. 파카니니 박사는 "마리오, 젤다의 전설에 나오는 링크, 포켓몬의 수많은 캐릭터들은 게임의 경계를 벗어나 문화 현상이 되었다"고 말한다. 유니버설 스튜디오 재팬과 유니버설 스튜디오 할리우드 테마파크에는 '슈퍼 닌텐도 월드'라는 테마 공간도 있다. 2023년에 미국 배우 크리스 프랫은 어드벤처 코미디 영화 〈슈퍼 마리오 브라더스〉에서 마리오 역을 맡았다. 이 영화는 유니버설 픽처스가 배급하여 전 세계 흥행수익에서 13억 6천만 달러 이상을 기록했다. 금융 데이터를 제공하는 웹사이트 넷크레딧NetCredit에 따르면 마리오의 브랜드 가치는 8천억 달러 이상이다.[36]

물론 전설적인 디자이너들의 땀과 노력이 없었다면 닌텐도는 창의성을 앞세워 시장을 손에 넣지 못했을 것이다. 게임보이는 1997년에 사고로 세상을 떠난 요코이 군페이의 작품이며, 마리오라는 캐릭터는 창의적인 천재 미야모토 시게루가 만든 것이다. 미야모토는 게임 개발 분야에서는 셰익스피어에 버금가는 인물로 평가되는데, 닌텐도를 세계 최고의 게임 회사로 만드는 데 엄청난 공을 세웠다.[37] 현재 그는 닌텐도 이사회의 한 사람이다.

파카니니 박사는 닌텐도의 팬 커뮤니티도 기업 성공에 큰 도움을 주었다고 힘주어 말한다. "닌텐도는 팬층이 아주 두텁습니다. 각종 이벤트, 온라인 플랫폼, 팬서비스를 통해 팬들과 자주 소통합니다. 독특한 게임 경험을 중시하고 적극적으로 커뮤니티에 참여하기 때문에 하드웨어 사양을 놓고 직접적인 경쟁을 벌이지 않으면서도 독특한 틈새시장을 유지하는 겁니다."

동시에 파카니니 박사는 닌텐도가 앞으로도 성공 가도를 달리려면 가상현실, 증강현실, 클라우드 게임과 같은 게임업계의 새로운 변화에 적응해야 한다고 지적한다. 게임 사용자는 갈수록 더 다양하게 세분화된다. 이러한 변화에도 적응해야만 소비자의 기대에 꾸준히 부응할 수 있다. "주요 팬들의 기대와 필요를 충족하면서도 새로운 고객을 유치하기 위해 노력해야 합니다. 이 둘 사이에 적절한 균형을 잡아야 변화하는 폭넓은 사용자들에게 계속 사랑받을 겁니다."

마지막으로 강한 목적의식 또한 빼놓을 수 없다. 역사를 돌이켜보면 닌텐도는 가족, 일반 게이머와 전문 게이머를 포함하여 모든 연령대의 사람에게 즐거움을 제공한다는 목적을 추구하는 데 늘 적극적이고 단호한 모습을 보였다. 지금도 이 목적을 염두에 두고 혁신적인 게임 콘솔을 제작하고자 최선을 다하는 동시에, 더욱더 다양한 사용자의 취향에 부합하기 위해 가족 친화적이고 재미있고 매력적인 게임 라이브러리를 계속 확장하고 있다.

목적을 항상 인지하라.

닌텐도는 오랜 역사를 이어오는 내내 기업 목적에 맞추어 의사결정을 내렸다. 이렇게 목적에 예리하게 초점을 맞추면 고객의 신뢰도 얻고 시장 내의 다양한 트렌드에 민감하게 반응할 수 있다.

창의성을 최고의 가치로 여겨라.

닌텐도의 기업 문화에는 창의성이 뿌리내리고 있다. 꾸준히 창의성을 추구한 것이 혁신을 주도하고 오랫동안 업계의 선두를 지킬 수 있었던 원동력이다.

뛰어난 인재를 고용하고 오래도록 함께하라.

디자이너와 개발자들의 재능은 닌텐도의 성공에서 아주 큰 부분을 차지한다. 이 기업은 인재의 가치를 인식하고, 그들이 꾸준히 헌신적으로 일할 수 있도록 여러 방법으로 지원한다.

전략적인 가격을 책정하라.

닌텐도는 가능한 한 합리적인 가격을 제시하여 더욱더 폭넓은 소비자층을 사로잡는 데 주력해왔다.

품질을 우선시하라.

닌텐도는 창립 이래로 늘 사람들이 좋아하는 고품질 제품을 생산하는 데 집중했다. 그 결과 높은 브랜드 인지도와 충성도를 얻을 수 있었다.

10

옥토퍼스 에너지

재생에너지와 인공지능의 결합

옥토퍼스 에너지는 빠르게 성장하는 글로벌 친환경 에너지 및 기술 기업으로, 4개 대륙 18개국에서 720만이 넘는 고객을 보유하고 있다.[1] 가정과 기업에 에너지를 공급하는 것은 물론이고 재생 에너지 생산에도 투자하고 있으며, 60억 파운드 규모의 프로젝트를 운영하고 있다. '전 세계 여러 나라와 고객에게 더 저렴하고 더욱더 환경친화적인 에너지 및 최첨단 기술을 제공'한다는 사명을 추구한다.[2]

옥토퍼스 에너지의 이야기

옥토퍼스 에너지는 창업 경험이 풍부한 그렉 잭슨Greg Jackson이라는 기업가가 2016년에 옥토퍼스 그룹의 지원을 받아 설립한 회사다. 처음부터 기업의 목표는 데이터와 기술을 활용하여 전 세계에 저렴한 친환경 에너지를 공급하는 것이었다. 케임브리지대학교에서 경제학을 전공한 잭슨은 소비재 전문 기업 프록터앤드갬블P&G에서 사회생활을 처음 시작했다. 이후 그는 창업으로 눈을 돌려 카페와 거울 제조업체를 운영했다. 또한 서비스형 소프트웨어SaaS 사업체를 설립하여 운영하다가 2006년에 450만 파운드에 매각했다.[3]

잭슨이 재생에너지 분야에서 사업을 시작한 데는 그의 배경과 관심사가 영향을 미쳤다. 그는 16세에 환경 운동 단체인 그린피스에 가입하는 등 오래전부터 환경문제에 관심이 많았다. 사실 그는 동전 한 푼이 아쉬울 정도로 어려운 어린 시절을 보냈다. 부모는 그가 어릴 때 갈라섰고, 어머니는 정부 혜택을 받으며 바텐더 일과 학업을 병행했다. 잭슨은 "에너지 비용을 줄이는 것이 내가 사업을 시작한 이유 중 하나입니다"라고 말했다.[4]

이 에너지 기업은 창립 초기 빠르게 성장하여 2017년에 소매거래 고객 수 10만 명을 달성했다. 같은 해에는 영국 소비자에게 전문가가 차량 구매부터 대출, 차량 유지 보수, 가정용 충전 시설 등 전기차에 관련된 모든 것을 알려주는 서비스인 '옥토퍼스 전기차'를 출시했다. 1년 후에는 에너지 공급업체 중에서 유일하게 영국의 소비자 보호 단체 '위치Which?'에서 '추천' 등급을 받았으며, 2019년부터 2023년까지 이 등급을 꾸준히 유지했다.

2019년에는 영국에서 옥토퍼스 에너지의 소매 고객 수가 100만 명을 넘어섰다. 같은 해에 호주 및 독일 시장에 진출하여 자사의 최첨단 에너지 관리 소프트웨어 플랫폼 크라켄Kraken에 대한 라이선스 계약을 체결했다. 또한 저탄소 경제로의 전환을 가속화할 벤처기업을 육성하는 옥토퍼스 에너지 해처리Octopus Energy Hatchery를 출시했다.

2020년 9월에는 큰 변화도 있었다. 실리콘밸리에 기반을 둔 스타트업 이볼브 에너지Evolve Energy를 인수하며 미국 시장에 진출한 것이다. 3개월 뒤에는 도쿄 가스와 합작 투자하여 일본에 재생 에너지 서비스를 출시했다. 옥토퍼스 에너지의 상승 기세는 아무도 꺾을 수 없을 것 같았다. 출범한 지 고작 4년 만에 영국에서 가장 빠르게 성장하는 사기업으로 우뚝 섰으며, 2020년 연말 기준, 기업가치는 20억 파운드까지 치솟았다.[5]

해가 바뀌어 2021년이 되었다. 영국은 바로 전년도에 세계를 휩쓸며 수백만 명의 사망자를 일으킨 코로나19 팬데믹 탓에 몸살을 앓고 있었다. 팬데믹이 여전히 맹위를 떨치는 가운데 또 다른 위기도 서서히 모습을 드러냈다. 에너지 문제였다. 팬데믹을 포함하여 여러 가지 사건이 겹치면서 에너지 위기가 발생했고, 영국에서는 12개월 연속으로 에너지 비용이 걷잡을 수 없이 상승했다.

2021년 1월, 영국은 브렉시트의 일환으로 유럽연합 온실가스 배출거래제를 영국 온실가스 배출거래제로 전환했는데, 이것이 문제의 발단이 되었다. 혹독한 겨울이 찾아오자 유럽 일부 지역의 에너지 수요가 증가했고, 이에 따라 에너지 가격이 크게 출렁였으며 시장 상황도 불확실해졌다. 그 후 2021년 봄과 초여름에는 풍속이 좋지 않아 영국의 풍력발전에 적신호가 켜졌다. 가을이 되자 전 세계가 코로나19로 인한 경기 침체에서 빠져나오면서 세계 경제가 활기를 띠었고, 에너지 수요가 공급을 빠르게 앞질러 사상 최저 수준이었던 휘발유 도매가격이 급등했다.[6]

영국의 에너지 규제기관 오프젬Ofgem은 에너지 공급업체에 가격 상한선을 설정하여, 특정 기간 동안 공급업체가 고객에게 청구할 수 있는 전기 또는 가스의 단위당 사용료를 제한한다. 이처럼 상한선이 있어서 영국의 에너지 공급업체는 상승해버린 가스의 도매가격을 소비자에게 곧장 전가할 수 없었다. 설상가상으로 공급업체 대다수가 고객 수요에 부응하기 위해 에너지를 미리 매입해두는 헤지 전략을 쓰지 않았다. 결국 가스 가격이 상승하자 공급업체들은 직격타를 맞았다. 가스는 독립형 에너지원일 뿐만 아니라 전기를 만드는 데도 사용되기 때문이다.

2021년 12월이 되자 영국의 에너지업체 28곳이 문을 닫아

200만 명이 넘는 시민이 곤경에 빠졌다. 이번 위기의 가장 큰 피해자는 당시 영국에서 7번째 규모를 자랑하는 에너지 공급업체이자 재생에너지 공급업체로 잘 알려진 벌브 에너지Bulb Energy였다. 벌브 에너지의 파산은 영국 역사상 가장 큰 에너지 공급업체의 실패로 기록되었다. 사업 규모가 워낙 크다 보니 특별 관리자팀이 나서서 고객의 피해를 최소화하고 고객들을 다른 공급업체로 이전하는 등 기본적인 운영을 맡아야 했다. 한편, 파산한 다른 소규모 공급업체의 고객은 오프젬이 지정한 공급업체로 이관되었으며, 많은 경우 더 비싼 가격을 지불해야 했다.[7]

위기를 인지한 옥토퍼스 에너지는 에너지 요금 인상으로 큰 타격을 입게 될 고객을 돕기 위해 '옥토 어시스트'라는 재난 기금을 설립했다. 잭슨은 자신의 급여 15만 파운드를 옥토 어시스트와 자사 직원들의 복지 기금으로 써달라며 기부하기도 했다.[8] 사실 이 위기는 옥토퍼스 에너지에 오히려 기회로 작용했다. 옥토퍼스 에너지는 신중하게 헤지 전략을 실행하여 가격 급등이 불러올 타격을 최소화할 수 있었기 때문이다.

2022년 1월이 되자 옥토퍼스 에너지의 에너지 소매업 부문은 영국에서 5번째로 큰 전력 공급업체가 되었다. 설립한 지 6년밖에 되지 않은 기업으로서는 매우 놀라운 성과였다. 옥토퍼스 에너지는 다른 공급업체가 문을 닫으면 그들의 고객을 신규 고객으로 받아 사업을 키웠다. 2021년 4월 30일로 끝나는 회계연도에는 영국에서 총매출액이 19억 파운드였으나, 운영에 계속 투자한 탓에 운영 손실이 8,500만 파운드라고 발표했다.[9]

2022년에도 에너지 위기는 심각했다. 그해 2월에는 러시아가 우크라이나를 침공하면서 문제가 악화되었다. 영국은 러시아에서 천연가스를 거의 수입하지 않지만, 제조업으로 유명한 독일을 비롯한 유럽 다수국이 러시아 천연가스 공급에 크게 의존했다. 그런데 러시아가 우크라이나를 침공하자 유럽연합은 러시아의 자금 조달을 방해하려고 러시아 가스 수입을 대폭 줄였다. 이렇게 되니 이용할 수 있는 천연가스가 부족해져 에너지 가격이 더욱 치솟았다. 여기에 유럽연합이 새로운 규제를 도입하면서 유럽의 에너지 공급은 한층 어려워졌다. 2022~2023년 겨울을 버티는 데 필요한 충분한 에너지를 비축하려 회원국에 11월까지 가스 저장 용량을 80퍼센트 이상 확보하라고 요구한 것이다.[10]

불확실성과 변동성이 심한 가운데 옥토퍼스 에너지는 묵묵히 앞으로 나아갔다. 2022년 10월에는 영국 정부로부터 벌브 에너지를 인수한다고 발표했다. 이는 벌브 에너지의 고객 150만 명과 직원 650명을 받아들인다는 뜻이었다.[11] 인수 작업은 12월에 완료되었으며 벌브 에너지의 모든 고객은 2023년 6월까지 옥토퍼스 에너지의 사용 고객으로 전환되었다. 벌브 에너지에서 넘어온 고객의 4분의 3(75퍼센트)은 옥토퍼스 에너지의 '전환 과정이 매끄럽게' 진행되었다며 만족감을 표했다.[12] 옥토퍼스 에너지 그룹이 2022년에 영국에서만 크게 성장한 것은 아니었다. 스페인, 프랑스, 이탈리아에서 소매업을 시작하는 등 해외 사업도 꾸준히 성장세를 보였다.

2023년에는 인수 및 투자에서 과감한 행보를 보였다. 프랑스에 있는 풍력 단지 세 곳을 매입했고, 아시아태평양 지역에서 재생에너지 및 기술에 거의 30억 파운드를 투자했다.[13] 사실 2년 전에도 대주주인 옥토퍼스 그룹의 소유였던 옥토퍼스 리뉴어블스 Octopus Renewables라는 청정에너지 투자 기업을 인수하면서 재생전기 발전 부문에서 본격적으로 활동하려는 의지를 드러낸 바 있었다. 당시 옥토퍼스 리뉴어블스는 유럽에서 가장 큰 규모로 태양에너지에 투자했을 뿐만 아니라 육상 풍력발전 부문에서도 손꼽히는 투자업체였다. 옥토퍼스 리뉴어블스를 인수함에 따라 옥토퍼스 에너지의 자산 포트폴리오에는 34억 파운드 규모의 친환경 에너지 프로젝트가 추가되었다.[14]

2023년에는 소매 에너지 부문으로 사업을 계속 확장했다. 글로벌 에너지기업 쉘Shell의 자회사인 쉘 에너지 리테일Shell Energy Retail을 인수하면서 영국과 독일에서 가정용 에너지 고객 130만 명을 추가로 확보한 것이다.[15] 이로써 옥토퍼스 에너지는 브리티

시 가스British Gas에 뒤이어 영국에서 두 번째로 큰 소매 에너지 공급업체가 되었다.[16]

옥토퍼스 에너지는 대담함과 창의적인 시도 덕분에 비교적 짧은 시간 내에 명성을 얻었다. 2023년 5월, 옥토퍼스 에너지는 시장에서 가장 큰 기회를 추구하는 기업들을 소개하는 CNBC 선정 '50대 혁신기업Disruptor 50'에서 8위를 차지했다. 같은 해 6월에는 《타임》이 선정한 세계에서 가장 영향력 있는 100대 기업 중 하나로 뽑히기도 했다.[17]

2023년 12월 기준, 기존 주주들이 8억 달러를 추가로 투자함에 따라 옥토퍼스 에너지의 기업가치는 80억 달러가 되었다. 추가 투자 덕분에 기업은 국제시장에서 더 빠르게 성장하고, 저탄소 기술 사업도 확장하게 되었다.[18] 옥토퍼스 에너지는 2027년까지 전 세계에서 1억 명의 고객을 확보하는 것을 목표로 하고 있다.[19] 2024년 1월에는 사상 최초로 연간 수익이 세전 기준으로 2억 8,300만 파운드를 기록했다고 발표했다.[20]

성공 비결

기후 위기가 초래하는 실존적 위협에 대처하기 위해 전 세계는 저탄소 경제, 즉 온실가스 배출량을 가능한 제로에 가깝게 줄이는 넷제로 경제로 전환하고 있다. 국제에너지기구에 따르면 전 세계 온실가스 배출량의 4분의 3 이상을 에너지가 차지하는 것으로 추산된다.[21] 따라서 재생에너지는 어마어마한 비즈니스 기회다. 실제로 전 세계 재생에너지 시장은 2배 이상 성장하여 2023년에서 2030년 사이에 1~2조 달러를 넘길 것이다.[22]

옥토퍼스 에너지는 이 기회를 활용하기 위해 전략적으로 접근했다. 불과 몇 년 만에 수백만 명의 소비자에게 비용 효율이 뛰어난 재생에너지를 제공하고, 기술 혁신을 추진하여 사업 효율을 높이는 방향으로 에너지업계의 판도를 완전히 바꿔놓았다. 옥토퍼스 에너지가 등장한 시점에는 영국에 브리티시 가스, E.ON, 엔파워Npower, SSE, EDF, 스코티시 파워Scottish Power 등 6대 초대형 에너지 공급업체가 있었지만, 이제는 옥토퍼스 에너지가 대세로 자리 잡았다.[23] 게다가 이볼브 에너지를 포함하여 몇몇 기업을 전략적으로 인수하거나 파트너십을 체결한 덕분에 단기간에 글로벌 입지를 구축할 수 있었다. 현재 옥토퍼스 에너지는 영국뿐만 아니라 프랑스, 독일, 일본, 미국 등 주요 시장에서 활동하고 있다.

옥토퍼스 에너지의 목표는 '기술을 통해 더 빠르고 더 저렴하게 지속 가능한 글로벌 에너지 시스템을 제공'하는 것이다.[24] 그들은 고객이 매년 (화석연료나 풍력발전 등 다양한 방식으로) 전력망에서 소비하는 전력량을 계산한 다음, 같은 양의 재생에너지를 전력망에 추가하는 방식으로 100퍼센트 친환경 전기 요금을 제공한다. 기존의 발전 시설에서 재생에너지를 구매하기도 하지만, 대규모 태양열 프로젝트나 풍력발전소와 같은 재생 전력원을 개발하는 데도 아낌없이 투자한다.[25] 그리고 (신재생에너지로 물을 전기 분해하여 수소를 생산하는) 그린수소 생산에도 힘을 쏟고 있다. 그린수소는 잠재적으로 화석연료를 대체하여 제조업이나 운송업의 탈탄소화에 사용될 수 있다. 친환경 에너지 활용을 더욱 빠르게 확대하기 위해 '옥토퍼스 센터 포 넷제로Octopus Centre for Net Zero'라는 자체 연구 시설도 운영하고 있다.

옥토퍼스 에너지 그룹 기업 정신의 핵심은 바로 혁신이다. 그들은 본인을 에너지 시장을 혁신하는 기술 기업이라고 자부한다. 이 회사의 가장 중요한 혁신 성과는 '에너지 공급용 스마트 백엔드 소프트웨어'라고 불리는 기계학습 방식의 독점 플랫폼인 크라켄이다.[26] 크라켄을 사용하면 대규모 발전에서 전기차, 가정용 태양열 패널까지 발전의 모든 방면을 관리·제어·최적화할 수 있다. 전기 공급 서비스를 보다 효율적으로 지원하기 위해 인공지능을 기반으로 하는 고객 정보 시스템, 청구서, 계량 정보 관리, 고객 관계 관리 및 의사소통 서비스도 가능하다.

옥토퍼스 에너지는 크라켄을 통해 공급망 대부분을 효과적으로 자동화하여 고객이 스스로 이용할 수 있는 서비스 수준을 한층 높였다. 덕분에 기업은 자원과 시간을 절약함으로써 더 효율적이고 수준 높은 고객 서비스를 제공할 수 있게 된다. 게다가 크라켄은 그 자체로도 높은 수익을 창출한다. 옥토퍼스 에너지가 다른 에너지 기업(예컨대 E.ON이나 EDF 등)에 크라켄의 라이선스를 서비스형 소프트웨어 형태로 제공해, 친환경 에너지를 보다 저렴한 가격에 고객에게 제공할 수 있도록 도와주기 때문이다.

또 다른 혁신적인 아이템으로는 가성비가 좋고 효율적인 난방 펌프인 '코지 6Cosy 6'을 창작한 스마트 난방 시스템이 있다. 이 시스템에는 열펌프뿐만 아니라 직관적인 가정용 제어 시스템 '코지 허브Cosy Hub'와 집 안의 모든 방을 최적 온도로 유지하며 에너지 효율을 잘 관리해주는 룸 센서 '코지 팟Cosy Pods'이 장착되어 있다.[27] '인텔리전트 옥토퍼스Intelligent Octopus'라는 스마트 충전 요금제도 있다. 이 요금제는 기계학습을 활용해 사용량이 적은 시간대에 전기차를 자동으로 충전함으로써 전력망의 과부하를 방지하는 동시에 전기차 충전비도 절감해준다.[28]

옥토퍼스 에너지는 이렇게 혁신에 온 마음을 다하는 동시에, 경쟁력 있는 가격, 투명하고 유연한 요금제 옵션, 완벽한 고객 서비스를 제공한다. 고객이 문의 전화를 걸면 2분 이내에 응답해주며, 고객은 스마트폰 앱으로 편리하게 계량기 수치를 입력할 수 있다. 이러한 고객 중심의 서비스 덕분에 옥토퍼스 에너지에 대한 찬사는 끊이지 않는다. 비교 전문 사이트 유스위치Uswitch에서는 2020년에 옥토퍼스 에너지를 올해의 공급업체로 선정했고, 리뷰 전문 웹사이트 트러스트파일럿Trustpilot에서는 5점 만점에 4.8점이라는 높은 점수를 기록했다.

사실 이 기업의 고객 중심 철학은 경영진에서부터 시작된 것이다. 실제로 잭슨은 고객 서비스 팀 근처에 자리를 잡고 일하며, 하루 중 일정 시간을 고객의 불만에 직접 응대하는 데 할애한다.[29] 한편, 옥토퍼스 에너지의 독특한 핑크 마스코트 캐릭터인 콘스탄틴은 브랜드의 매력을 높여주고 즐거움을 선사하여 경쟁사와 차별성을 추구하는 데 큰 도움이 된다.

옥토퍼스 에너지는 기업의 강력한 비전 덕분에 중요한 투자를 유치할 수 있었고, 투자에 힘입어 눈부신 속도로 성장을 거듭했다. 사업 초반에는 재생에너지 분야를 선도하는 옥토퍼스 그룹의 투자를 받았다. 옥토퍼스 그룹은 지금도 이 회사의 대주주다. 또한 호주의 에너지 공급업체인 오리진 에너지Origin Energy, 일본의 도쿄 가스, 캐나다 연금계획투자위원회, 환경 운동가이자 전미국 부통령인 앨 고어Al Gore가 공동 설립한 투자 관리 회사 제너레이션Generation Investment Management도 옥토퍼스 에너지에 자금을 대주었다.[30]

옥토퍼스 에너지의 귀여운 문어 마스코트, 콘스탄틴. 딱딱한 이미지 대신 고객 친화적인 방향을 선택한 옥토퍼스 에너지의 전략이 엿보인다.

잭슨은 2023년 영국 비즈니스 신문 《시티에이엠CityAM》과의 인터뷰에서 옥토퍼스 에너지는 충분한 자금 덕분에 오래전에 자리 잡은 기존 에너지 공급업체와 어깨를 나란히 하고, 에너지 위기에 주변 업체들이 파산할 때도 끄떡없이 버틸 수 있었다고 말했다. 신생 기업이지만 한때 경쟁업체였던 벌브 에너지보다 자본금이 25배나 많았고, 그 후로도 벌브 자본금의 20배에 해당하는 투자를 받았다. 그는 이렇게 말한다. "비전이 분명하고 새로운 변화를 가져올 능력도 겸비했다면, 시장에 진입하여 발전을 도모할 기회는 항상 있을 겁니다."31

의심할 여지 없이, 옥토퍼스 에너지의 창립자이자 CEO인 잭슨의 높은 인지도와 선견지명은 기업에 큰 도움을 주었다. 잭슨은 회사 지분 6퍼센트를 가지고 있으며, 재생에너지 부문의 대표적 인물로 평가된다.[32] 그의 링크드인 프로필을 보면 스스로를 '사람들을 중심으로 조직을 구축하고 고객과 사회의 기대를 충족하지 못하는 산업 분야를 혁신하는 데 앞장서는 열정적이고 창의적이며 혁신적인 CEO, 기업가, 투자자'라고 소개하고 있다.

가정용 에너지 플랫폼 히티오Heatio의 공동 창립자 토머스 파콰Thomas Farquhar에 따르면 옥토퍼스 에너지는 처음부터 기존 방식이 아니라 유연하고 역동적인 가격 옵션을 도입하여 에너지업계를 뒤흔들어놓았으며, 혁신적인 에너지 거래 방식으로 소비자들의 상상력을 사로잡았다. 파콰는 옥토퍼스 에너지가 이미 여러 나라에 진출한 것처럼 앞으로도 세계적으로 큰 영향력을 가지는 에너지 기업이 될 거라고 여기며 다음과 같이 말한다. "이 기업의 브랜드, 메시지, 높은 수준의 혁신은 국경과 언어를 초월합니다. 사람들은 옥토퍼스 에너지가 남다른 기업이라는 것을 한눈에 알 수 있습니다. 옥토퍼스 에너지는 오랜 전통과 역사를 가진 에너지 유틸리티 기업에 좋은 모델이 됩니다."

옥토퍼스 에너지의 혁신 원칙

인류의 가장 큰 고민을 해결하라.

옥토퍼스 에너지는 재생에너지와 혁신적인 기술 활용에 온전히 집중하여 현재 지구가 직면한 가장 큰 문제인 기후변화 문제를 완화하는 데 도움을 주었다.

시장에서 기회를 포착하라.

처음부터 옥토퍼스 에너지는 빠른 성장세를 보이는 재생에너지 시장을 목표로 삼았다. 또한 2021~2022년의 에너지 위기 때는 벌브 에너지를 인수하는 등 위기를 발전의 기회로 활용했다.

훌륭한 투자자를 확보하고 빠르게 사업을 확장하라.

영향력 있는 투자자 덕분에 옥토퍼스 에너지는 자본력이 탄탄한 편이다. 투자받은 자금을 사용하여 사업을 빠르게 성장시킴으로써 전 세계 주요 시장에서 확고한 입지를 다졌다.

최첨단 독자 기술을 개발하라.

옥토퍼스 에너지는 기계학습 플랫폼 크라켄을 통해 에너지 시장을 혁신하고 라이선스 계약을 통해 수익을 창출한다.

고객을 최우선으로 생각하라.

옥토퍼스 에너지라는 브랜드의 매력은 그들의 강력한 환경적 사명뿐만 아니라, 고객 서비스에 최선을 다하는 확고한 의지에서 비롯된 것이다.

11

온리팬스

크리에이터에게
경제권을 넘겨준 플랫폼

온리팬스는 18세 이상 사용자를 대상으로 하는 구독형 콘텐츠 플랫폼이다. 크리에이터에게 전권을 부여함으로써 '그들의 잠재력을 최대한 발휘하여 콘텐츠로 수익을 창출하고 팬들과 진정성 있는 관계를 구축'하도록 도와준다는 자부심으로 똘똘 뭉쳐있다.[1] 성인을 대상으로 하는 엔터테이너들이 활동하는 곳으로 가장 유명하지만, 패션, 푸드 인플루언서, 피트니스 강사, 음악가 등 다양한 분야의 크리에이터도 만나볼 수 있다. 현재 이곳에서 활동하는 크리에이터는 300만 명이 넘고, 전 세계적으로 2억 2천만 명이상의 팬들이 플랫폼을 찾는다.

온리팬스의 이야기

온리팬스는《타임》에서 '홈메이드 포르노의 제왕'이라고 언급한 영국의 기업가 팀 스토클리Tim Stokely가 2016년에 설립했다.[2] 스토클리는 과거에도 인터넷 플랫폼을 출시한 경험이 있으며, 이번에는 크리에이터가 개인적인 콘텐츠를 공유하는 방식으로 돈을 벌게 해주는 소셜 피드를 만들어 '온리팬스'라고 이름 붙였다.[3]

처음에 온리팬스는 일종의 가족 기업으로 시작했다. 스토클리가 CEO였고, 그의 형인 토머스가 최고운영책임자를 맡았다. 어머니 데보라도 사업에 참여했다. 바클레이의 투자 은행가였던 아버지 가이는 2018년까지 이사직을 맡았다. 그러다 2018년에 우크라이나계 미국인 기업가 레오니드 라드빈스키가 온리팬스의 주식을 거의 전부 매입함으로써 온리팬스의 유일한 주주가 되었고, 이 플랫폼의 모회사는 라드빈스키가 일본에 설립한 페닉스 인터내셔널이다.[4,5]

온리팬스의 인기는 2020년 코로나19 팬데믹 기간에 폭발적으로 증가했고 회사 수익도 그때 제법 늘어났다. 봄과 여름의 봉쇄 조치 기간에 성인 엔터테인먼트 제작자들은 콘텐츠를 제공하여 생계를 유지하려 이 플랫폼으로 모여들었다.[6] 집에 틀어박혀 지루함을 이기지 못하고 새로운 관심사를 찾던 사람들이 열렬한 반응을 보였음은 물론이다.

2020년 5월에 스토클리는 매일 신규 회원은 20만 명, 크리에이터는 6천~8천 명씩 증가한다고 발표했다. 2020년 10월이 되자 콘텐츠 크리에이터는 100만 명을 넘어섰다.[7] 이후로 자기 영향력을 수익화하려는 연예인이나 스포츠 선수 등 많은 크리에이터가 온리팬스를 선택했다.[8] 미국에서 래퍼로 크게 성공한 카디비는 2020년 8월에 온리팬스 계정을 만들었다. 후에 그녀는 '자신의 일상적인 모습을 좀 더 보여줄 수 있는 플랫폼'을 원했기에 온리팬스에 가입했다고 설명했다.[9] 과거 디즈니 배우로 활약했던 벨라 손도 온리팬스에 계정을 만들었는데 24시간 만에 100만 달러를 벌었다. 그녀는 온리팬스에 '대세로 여겨지는 사람의 얼굴'을 보여줄 생각으로 계정을 만들었다고 말했다.[10]

2021년 8월에 온리팬스는 갑자기 노골적인 성인 콘텐츠를 금지하겠다는 발표를 했다. 며칠간 이로 인해 온리팬스의 비즈니스 모델이 대대적으로 바뀔 거라는 예상이 이어졌다. 플랫폼에서 제작되는 콘텐츠의 성격을 우려한 은행 및 결제업체의 압력이 작용한 것 같았다. 당연히 이 발표는 콘텐츠 크리에이터들을 술렁이게 만들었다. 하지만 곧 온리팬스는 결제 관련 업체와 원만하게 합의했고, 직후 위의 계획은 철회되었다.[11]

온리팬스는 크리에이터가 두터운 팬층을 구축하도록 미용,

코미디, 피트니스, 요리 등 다양한 장르의 전문가가 만든 동영상을 볼 수 있는 자체 무료 스트리밍 플랫폼 'OFTV'도 출시했다. 또한 콘텐츠 제작을 넘어 온라인 스토어를 개설하여 온리팬스 로고가 새겨진 상의, 가방, 모자, 신발, 담요 등 다양한 의류, 액세서리, 가정용품 브랜드 상품을 판매한다. 크리에이터도 온리팬스를 통해 자신만의 상품을 만들고 팬들에게 판매할 수 있다. 그들은 '가장 안전한 소셜 플랫폼을 구축하고 크리에이터와 팬 모두에게 비교할 수 없는 놀라운 기회를 선사'하는 것이 자사의 목표라고 말하며, '장르나 배경을 불문하고 모든 크리에이터와 직원'을 소중히 여기는 포용성을 가장 중요한 가치로 여긴다.[12]

크리에이터에게 권한을 넘겨주다

2022년에 온리팬스에서 크리에이터가 사진, 동영상, 채팅, 기타 서비스의 대가로 팬에게 받은 돈은 무려 56억 달러에 달한다. 이는 2021년의 48억 달러에 비해 17퍼센트가 증가한 것이다. 플랫폼을 통해 벌어들인 총수익의 20퍼센트는 온리팬스가 가져가고 나머지 금액은 크리에이터가 가진다.[13] 구독 방식으로 운영되기에 팬은 월간 구독료를 내고 자기가 좋아하는 크리에이터의 독점 콘텐츠를 볼 수 있다. 구독료는 월 4.99달러에서 최대 49.99달러다. 크리에이터는 팁과 유료 비공개 메시지로 추가 수익을 올릴 수 있고, 실시간 공연을 통해 라이브 스트리밍 이벤트를 진행할 수도 있다. 유료 가입자의 평균 연령은 35세~44세다.[14]

온리팬스에서 내로라하는 크리에이터는 프라이버시를 위해 가명을 주로 사용하며, 매년 수백만 달러를 벌어들인다. 대표적인 사례로 미국의 모델 브라이스 아담스는 온리팬스에서 '좋아요를 가장 많이 받은' 크리에이터 중 하나인데, 2022년에 이 플랫폼에서 640만 달러를 벌었다. VIP 계정을 포함하여 온리팬스에 총 4개의 계정이 있으며, 구독자는 100만 명이 넘는다. VIP 계정 구독료는 월 30달러다.[15]

키티 모건이라는 크리에이터는 온리팬스에 가입한 지 1년 6개월 만에 100만 달러의 수익을 달성했다. 그녀는 《비즈니스 인사이더》와의 인터뷰에서 처음에는 자신의 사진과 동영상을 온라인에 공개한다는 아이디어가 생소하게 느껴졌다고 말했다. 그래서 우선 플랫폼 메시지를 통해 구독자와 직접 소통하는 방법을 배우려고 코칭 수업을 들었다. 그리고 다른 크리에이터에게 돈을 주고 자신을 홍보했으며, 트위터에서도 자신의 온리팬스 계정을 적극적으로 홍보했다. 하지만 구독자 100만 명을 달성하게 된 진짜 계기는 유료 구독 서비스를 무료 구독 서비스로 전환하고, 개인 맞춤형 동영상과 같은 추가 콘텐츠만 별도로 결제하는 방식을 선택한 것이었다. 인터뷰에서 그녀는 생각보다 좋은 반응에 적잖이 놀랐다며 이렇게 말했다. "어떤 여자들은 온리팬스에서 돈을 쓸어담는 중이라고 하더군요."[16]

여성들만 이 플랫폼에서 돈을 버는 것은 아니다. 2021년에 맨체스터에 사는 제임스 카우는 연봉 1만 4천 파운드를 받으며 의료직에 근무하다가 그만두고 온리팬스에서 크리에이터로 활동하기 시작했다. 그는 불과 2년 만에 16만 파운드를 벌었는데, 고급 컨버터블 자동차와 집을 마련하기에 충분한 자금이었다.[17] 크리에이터들은 팬과 적극적으로 의사소통하고 틈새시장을 공략하면 충성도가 높은 구독자 기반을 다질 수 있다고 말한다.[18] 그리고 주기적으로 다양한 게시물을 남기는 것도 중요하다. 다만 현실적으로 크리에이터 대다수는 구독자가 몇 명 되지 않는다.

가상 세계에서의 착취인가?

온리팬스는 크리에이터에게 든든한 지원군이다. 수많은 여성 크리에이터는 온리팬스를 통해 전 세계 관객에 접근하여 막대한 부를 거머쥘 기회를 얻는다. 플랫폼이 결제를 처리하거나 사이버 보안 유지에 드는 엄청난 비용을 모두 부담한다는 점을 생각하면 수익의 20퍼센트를 수수료로 내는 것도 그리 큰 문제는 아닐 것이다. 배우나 음악가, 모델의 경우, 클라이언트의 수익에서 10~20퍼센트는 에이전트가 수수료로 가져가며, 작가의 경우 통상 15퍼센트의 수수료를 에이전트에 낸다.

한편 온리팬스 플랫폼을 비방하는 사람들은 콘텐츠가 유출되어 다른 웹사이트에 공유되며, 크리에이터, 특히 젊은 여성 크리에이터는 안전을 위협받거나 착취당할 위험에 처한다고 주장한다. 또한 미성년 사용자가 성적으로 노골적인 콘텐츠를 판매하는 것을 금지하는 확실한 조치가 없다는 비판도 있다.[19]

이 플랫폼에서 거액의 수익을 벌어들이는 크리에이터도 있지만, 열심히 일한 것에 비해 수입이 보잘것없는 크리에이터도 적지 않다. 2020년에 애나라는 25세 크리에이터는《더 타임스》인터뷰에서 마치 직장에 다니는 것처럼 일했는데도 온리팬스에서 한 달에 고작 160파운드(195달러)를 벌었다고 말한다. 그녀는 "그들이 나를 착취하고 수익을 빼앗는 것 같아요"라고 불평했다. 플랫폼을 사용해본 또 다른 크리에이터는 후에 '가상 세계의 매춘'이라고 표현했다.

《더 타임스》기사에서는 온리팬스가 '리벤지 포르노'를 공유했다는 주장도 제기되었다(리벤지 포르노란 당사자의 동의 없이 당혹감을 주거나 괴롭힐 목적으로 그 사람에 관한 성적인 사진이나 동영상을 공유하는 행위를 말함). 실제로 영국에서는 2020년 봄부터 여름 봉쇄 기간에 리벤지 포르노 헬프라인에 온리팬스 고발 사례가 급증했다고 한다.[20]

어쨌든 이 플랫폼에서 가장 많은 수익을 얻은 사람이 남성임은 확실해 보인다. 2021년 12월에 스토클리는 새로운 일에 집중하려고 온리팬스 CEO에서 물러났다. 그의 순자산은 1억 파운드(1억 2,200만 달러)가 넘는 것으로 추산된다.[21] 2023년 8월에《가디언》은 현재 온리팬스의 단독 소유주인 라드빈스키가 3년간 이 웹사이트를 통해 8억 8,900만 달러를 벌어들였다고 보도했다.[22]

크리에이터의 관점

그렇다면 온리팬스에서 크리에이터로 활동하는 것은 정확히 어떤 의미일까? 온리팬스에서 활동하는 크리에이터 세 명이 이 책의 독자를 위해 솔직한 이야기를 들려주었다.

엘 브룩은 2018년부터 온리팬스에서 활동했으며 현재 온리팬스 크리에이터 중 상위 0.01퍼센트에 속하는 고수익을 기록하고 있다. 크리에이터를 시작할 무렵에는 사우스햄튼대학교에서 열심히 공부하는 법대생이었다. 당시에는 단순히 부수입을 얻을 생각으로 콘텐츠를 만들었다. 하지만 크리에이터로서 실력이 출중했던 덕에 얼마 지나지 않아 매월 수천 파운드를 벌게 되었다. 1년 후에는 대학을 중퇴하고 크리에이터 활동에 전념하기 시작했고, 현재 브룩의 계정에 월 29.99달러를 내는 유료 구독자는 약 1만 명이다.

브룩의 주요 수입원은 구독자이며, 팁이나 비공개 메시지에서도 추가 수익이 발생한다. 전문적으로 계정을 운영하기 때문에 관리자, 다이어리 플래너, 전담 사진작가, 디지털 콘텐츠 편집자로 구성된 팀이 따로 있다.

브룩은 다른 사람이 뭐라고 생각하든 상관하지 않는 것이 온리팬스에서 크리에이터로 성공하는 비결이라고 말한다. "악성 댓글을 피할 수는 없어요. 하지만 남들이 어떻게 생각하는지 신경 쓰는 일은 본인의 성공에 걸림돌이 될 뿐입니다."

그녀에게 온리팬스의 최대 장점은 자신의 작업에 대한 소유권을 온전히 인정해준다는 것이다. "제 콘텐츠에 대한 권리는 항상 저에게 있습니다. 그리고 제가 무엇을 하든 마음이 편해요. 하기 싫은 일을 강요당하는 느낌은 전혀 없습니다." 온리팬스에서 크리에이터로 활동한다는 이유로 위협을 당한 적은 없지만, 브룩은 항상 자신을 보호하려고 신중하게 행동한다.

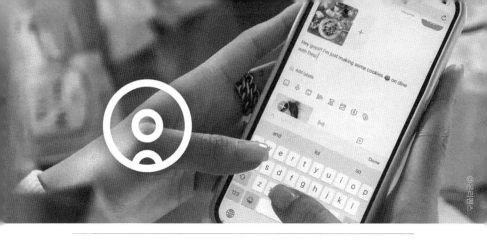

온리팬스는 크리에이터와 구독자가 친밀하게 소통하도록 돕고, 크리에이터에게
엄청난 자율성을 보장한다. 독특하고 혁신적인 비즈니스 모델이다.

브룩에게 온리팬스는 진정한 비즈니스 파트너다. 그녀는 온
리팬스라는 브랜드의 강점과 구독자를 모으는 능력을 높이 평가
한다. 하지만 동시에 브룩은 인스타그램이나 틱톡과 같은 다른
채널에서도 개인 브랜드를 홍보하고 있다. 은퇴해도 충분할 정도
의 자금을 이미 벌었지만, 그녀는 당분간 일을 그만둘 생각이 없
어 보인다. "제 꿈을 다 이룰 때까지는 일을 중단하는 선택지를
생각도 하지 않을 거에요."

프로 골퍼 리암 오닐은 복싱선수 데릭 치소라가 온리팬스에
합류했다는 소식을 듣고는 2023년 2월부터 온리팬스에 콘텐츠
를 올리기 시작했다. 오닐은 자신이 참석하는 국제 토너먼트의
비하인드 스토리를 콘텐츠로 제작하거나 체육관에서 하는 운동
과 훈련 루틴을 공유하여 구독자에게 프로 골퍼가 살아가는 모습

을 진정성을 담아 보여준다. 또한 자신이 기르는 미니어처 닥스 훈트인 피치와 퍼시의 영상을 포함한 개인적인 콘텐츠도 여럿 공유한다.

오닐은 구독자와 매우 끈끈한 관계를 맺고 하루도 빠짐없이 소통한다. 다양한 연령대의 남녀로 구성된 구독자들은 주로 어떻게 하면 골프 실력을 향상할 수 있는지 배우고 싶어 한다. 특히 드라이버 티샷에 대한 조언을 구하는 사람이 많다. 오닐은 이렇게 설명한다. "구독자들과 소통하면 엄청나게 친밀한 느낌이 듭니다. 인스타그램과 비교할 수 없을 정도로 훨씬 더 친해지죠."

오닐의 채널은 무료로 구독할 수 있다. 그러나 구독자에게 개별적으로 제공하는 골프 관련 조언은 유료다. 학생을 가르치려면 개인 연습 시간을 줄여야 하므로, 오닐에게 온리팬스는 학생을 직접 가르치는 일에 대한 좋은 대안이다. 또한 크리에이터로 활동한 덕분에 소셜 미디어에서 본인의 프로필 가치도 높일 수 있었다. "나 자신을 하나의 브랜드로 이해하는 데 많은 도움이 되었습니다. 다른 운동선수도 온리팬스를 사용하면 도움이 될 거라고 생각합니다."

오닐은 다른 크리에이터에게 콘텐츠를 꾸준히 업로드하고 매일 구독자와 상호작용하라고 조언한다. "자신의 콘텐츠로 수익을 내고 싶다면 이 점을 기억하세요. 사람들은 자기가 구독하는 크리에이터에게 한층 친밀하고 개인적인 상호작용을 기대합니다.”

사라 제인 던이라는 배우는 25년간 영국의 드라마 〈홀리오크 Hollyoaks〉에서 맨디 리차드슨이라는 캐릭터를 연기했다. 그녀는 2021년 10월에 온리팬스 계정을 개설했다. 인스타그램에 사진을 공개하는 것과 비교할 때, 온리팬스에서 활동하면 대외적인 이미지를 더 창의적으로 관리하고 수익도 얻을 수 있다고 생각한 것이다. “인스타그램의 콘텐츠를 모두 삭제했어요. 내가 저작권을 거머쥐고 원하는 대로 콘텐츠를 제어할 수 있는 다른 곳으로 옮기는 것이 훨씬 합리적이었어요”라고 그녀는 말한다.

그녀는 온리팬스에 사진과 영상을 공개하여 구독자에게 자신의 일상을 엿볼 기회를 준다. 이를테면 사진 촬영 작업을 하면 촬영 현장을 조금 보여주는 식이다. 라이브 방송도 진행하는데, 라이브에서는 주로 남성인 열성 팬과 직접적으로 소통할 수 있다. 하지만 던은 성적인 콘텐츠는 제작하지 않는다. “온리팬스는 다른 소셜 미디어에서 경험할 수 없는 기회를 팔로워에게 줍니다. 동시에 사람들이 내게 메시지를 보내는 것을 제한할 수 있기 때문에 안전한 공간이라고 생각해요. 아주 훌륭한 비즈니스 모델이죠. 제가 공유하는 콘텐츠와 잘 맞는 플랫폼입니다.”

던은 이제 온리팬스에서 전업 크리에이터로 활동하며 유료로 계정을 운영한다. 유료 결제를 하면 볼 수 있는 콘텐츠도 따로 제작한다. 비공개 메시지와 라이브 방송으로도 수익을 창출한다. 던은 온리팬스를 통해 "어느 것 하나 흠잡을 데 없을 정도로 좋은 커뮤니티와 팬"을 만났다고 말한다. "아낌없는 후원과 응원을 받으면 기운이 납니다. 저도 팬을 알아가는 중이고 그분들도 저를 더 알아가려고 노력합니다."

던의 온리팬스 계정은 개설되자마자 팬들에게 큰 호응을 얻었다. 하지만 〈홀리오크〉 드라마 제작자는 이를 탐탁지 않게 여겼다. 던이 온리팬스 계정을 그만두지 않을 것이라는 점이 확실해지자 제작자는 던에게 드라마 하차를 강요했다. 하지만 던은 후회하지 않는다며 이렇게 말했다. "온리팬스가 최고의 기회라는 것을 확신했습니다. 정말 어마어마한 수익이었어요. 저는 지금 만족합니다. 이제 2년 정도 되었는데, 제 인생에서 제일 잘한 일이라고 생각해요. 좀 더 빨리 시작하지 않은 게 아쉬울 뿐입니다."

성공 비결

온리팬스는 단기간에 성인 엔터테인먼트 산업에 대혁명을 일으켰으며 동시에 초대형 소셜 미디어 기업으로 우뚝 섰다. 기업의 시장가치는 180억 달러로 추정된다.[23] 성공 비결은 과연 무엇일까?

우선 온리팬스는 처음부터 매우 크고 수익성이 높은 시장에서 활동한다는 이점이 있었다. 성인 엔터테인먼트의 사업 규모는 상상을 초월한다. 현재 이 분야에서 발생하는 수익은 1천억 달러가 넘는다.[24] 전체 웹사이트의 약 4퍼센트가 이 분야에 속하는 것으로 추산되며, 음란물 관련 웹 검색의 약 13퍼센트, 모바일 검색의 20퍼센트가 성인 엔터테인먼트와 관련되어 있다.[25]

시장 규모가 큰 만큼 혼잡한 것도 사실이다. 온리팬스는 소셜 미디어 플랫폼으로서 광범위한 마케팅을 추진한 덕분에 다른 업체와 차별화에 성공했다. 그리고 인스타그램이나 유튜브 등의 소셜 미디어에서는 허용되지 않는 콘텐츠를 공유할 수 있다. 크리에이터는 어떤 콘텐츠든 올릴 수 있는데, 일부 콘텐츠는 무료로 제공하면서 다른 콘텐츠는 유료로 구분할 수 있다. 또한 구독자가 비공개 메시지를 통해 크리에이터와 직접 소통할 수 있다는 점에서 다른 성인 콘텐츠 웹사이트와 큰 차이가 있다. 이런 시스템 아래 구독자는 자신이 좋아하는 크리에이터와 개인적으로 친밀한 사이라고 느끼게 된다.

온리팬스의 단도직입적인 비즈니스 모델은 고객의 마음을 단번에 사로잡는다. 하지만 이 때문에 '벼락부자가 될 수 있다'는 평판으로 오해를 살 때도 있다. 그러나 과거 결제 정보 업체로 인해 크리에이터가 대중에게 직접 돈을 받는 것이 어려워 성인 콘텐츠 크리에이터가 수익을 올릴 방법이 많지 않았던 현실은 확실히 온리팬스에 이점으로 작용했다.[26] 온리팬스에서는 크리에이터가 포르노 스튜디오나 웹캠 사이트를 운영하지 않고도 콘텐츠와 수익을 자기가 원하는 대로 관리할 수 있다. 예전에는 성인물을 제공하는 크리에이터들이 스튜디오에 소속되어 일했기에 콘텐츠에 대한 저작권을 갖지 못했고, 저작권을 포기한다는 각서에 서명할 수밖에 없었다.

기본적으로 이 브랜드는 크리에이터 본인에게 콘텐츠에 대한 통제권과 자유를 보장해주었다. 덕분에 크리에이터는 일종의 자영업자로 활동할 수 있었다. 변호사 출신으로 현재 온리팬스의 CEO인 케일리 블레어는 이렇게 말한다. "우리가 추구하는 혁신은 어느 분야에서든 디지털 세상에서 크리에이터가 자신의 콘텐츠에 대한 대가를 직접 받게 해주는 것입니다. 그게 바로 우리 기업의 핵심 원칙이죠. 사업이나 운영 방식을 논의하거나 의사결정을 내릴 때 우리는 딱 하나만 생각합니다. 어떻게 하면 크리에이터가 자신의 콘텐츠에 대한 소유권을 누리면서 수익을 창출하고, 결과에 대한 통제권을 장악하고, 팬 기반을 확대하도록 도와줄 수 있을까?"

블레어는 크리에이터가 총수익의 80퍼센트를 갖고 나머지 20퍼센트는 플랫폼이 가져가는 수익 모형도 콘텐츠를 다루는 다른 채널과 차별화되는 부분이라고 말한다. "콘텐츠를 만드는 것은 크리에이터입니다. 그들이 곧 브랜드이고 콘텐츠는 그들이 갖는 것이 마땅합니다. 소비자와 의사소통하는 과정에서 가장 많은 수익을 누려야 할 대상은 바로 크리에이터입니다." 블레어가 말하는 '구독 피로' 현상이 증가함에 따라, 요즘에는 많은 크리에이터가 DM, 팁, 코칭 콘텐츠나 유료 시청 콘텐츠와 같은 소액 거래를 통해 수익의 상당 부분을 창출하고 있다.

온리팬스에서 활동하는 크리에이터는 콘텐츠에 대한 저작권을 직접 소유하며, 플랫폼은 이를 게시하는 라이선스만 갖게 된다. 따라서 크리에이터는 자신의 콘텐츠를 다른 플랫폼에서도 사용할 수 있다. 기존의 성인영화 산업에서는 연예인들이 콘텐츠에 대한 저작권을 갖지 못했고 제작사로부터 부당한 대우를 받는 경우가 종종 있었으나, 온리팬스의 크리에이터는 그런 걱정 없이 자신이 만든 콘텐츠에 광범위한 통제권을 갖는다.

온리팬스에 공개된 일부 콘텐츠는 민감한 부분이 있다. 이런 점을 고려할 때 온리팬스의 비즈니스 모델에서 안전성은 무엇보다도 중요하다. 다행히 온리팬스는 안전성에서 업계 최고임을 자부하며 크리에이터가 만든 콘텐츠가 플랫폼 외부에서 공유되는 일이 없도록 최선을 다한다. 일례로 온리팬스는 디지털 권한 관리 기술을 사용해서 화면 녹화를 아예 하지 못하게 만든다. 전 세계에서 제일 안전한 소셜 미디어 플랫폼을 구축한다는 목표에 따라 자체적으로 온라인 안전 및 투명성 센터를 개발했는데, 이곳에서는 안전성과 투명성에 관한 주요 방침의 개요를 제공한다.[27]

블레어는 "크리에이터 커뮤니티와 사용자 커뮤니티를 보호하는 것은 회사에 매우 중요한 사안입니다"라고 말한다. "우리는 항상 표현의 자유를 옹호하면서도 안전을 지키기 위해 최선을 다합니다. 세계에서 가장 안전한 디지털 미디어 플랫폼을 구축하는 것이 우리의 목표니까요."

모든 크리에이터는 플랫폼에 콘텐츠를 게시하기 전에, 연령 확인을 포함하여 온리팬스의 온보딩 프로세스를 모두 통과해야 한다. 또한 DM을 포함하여 온리팬스의 모든 콘텐츠는 사람이 직접 검토하여 수위를 조절하며 플랫폼의 엄격한 지침을 위반하는 콘텐츠는 삭제 조치한다.

블레어는 앞으로 소셜 미디어 세계에 무료 콘텐츠와 유료 프리미엄 콘텐츠가 뒤섞여 나타날 것으로 생각한다. 이는 온리팬스의 비즈니스 모델과 잘 부합하는 예측이다. "예를 들자면 크리에이터는 팬 기반을 다지기 위해 일부 콘텐츠는 무료로 제공해야 할 겁니다. 그리고 다른 콘텐츠는 프리미엄 유료 콘텐츠로 설정하여 수익을 창출하면 됩니다." 앞으로 온리팬스는 다양한 장르에서 활동하는 크리에이터가 자사의 플랫폼을 사용하도록 권장하며,

동시에 합법적인 운영을 고수하면서 크리에이터에게 안전하게 비용을 지급할 수 있는 신흥 시장으로도 사업을 확장할 것이다.

온리팬스는 창작자들이 인공지능을 활용하는 것도 허용한다. 단 그 콘텐츠가 창작자의 소유여야 하고 인공지능을 사용했음을 밝혀야 한다. 블레어는 "개인이 자신의 콘텐츠로 수익을 창출"하는 것이 온리팬스의 핵심이기에 혹시라도 인공지능 크리에이터가 등장하는 일은 없을 거라고 생각한다. 그녀가 그리는 자사의 미래는 이렇다. "온리팬스는 앞으로도 사람들이 직접 독창적인 콘텐츠를 생성하고 공유하는 장소가 될 겁니다. 그게 어떤 콘텐츠든 간에요."

온리팬스는 초반의 비즈니스 모델에서 출발하여 다양한 계층에 폭넓은 지지를 얻었으며 널리 존중받고 있다. 유명 인사와 스포츠 선수를 포함하여 '주류'로 여겨지는 크리에이터가 갈수록 늘어나는 것이 온리팬스의 성공에 크게 이바지하는 듯하다. 매우 다양한 콘텐츠가 제공되므로 구독 의사만 있다면 누구나 이곳에서 자신의 관심사에 맞는 콘텐츠를 즐길 수 있다는 것 또한 온리팬스의 강점이다.

타이밍을 낚아채라.

온리팬스는 코로나19 바이러스가 초래한 팬데믹 기간이라는 적절한 시기에 적절한 아이디어를 가지고 적절한 장소를 공략했다. 온리팬스의 인기는 팬데믹 봉쇄 기간에 절정에 달했는데, 당시 사람들은 무료함을 이기지 못하고 엔터테인먼트를 간절히 찾고 있었다.

제품에 차별화를 시도하라.

기존의 성인 엔터테인먼트 웹사이트와 비슷한 것을 만들지 않고 유료 소셜 피드라는 브랜드를 내세웠다. 이 전략 덕분에 업계의 주류로 자리 잡았고 성인 엔터테인먼트 분야를 넘어 다양한 분야의 크리에이터를 모을 수 있었다.

크리에이터와 적극적으로 협업하라.

온리팬스는 크리에이터에게 많은 권한을 준다. 콘텐츠에 대한 통제권을 보장해주며, 높은 수익을 가져갈 수 있게 해준다. 실제로 온리팬스 크리에이터는 자신이 만든 콘텐츠에서 발생하는 수익의 80퍼센트를 가져간다.

독특한 서비스를 제공하는 방식으로 혁신을 진행하라.

온리팬스는 크리에이터가 구독자와 직접 소통하는 것을 권장한다. 크리에이터는 팬의 특별한 요청에 대응하는 방식으로 수익을 창출할 수 있다.

안전과 보안을 우선시하라.

가끔 콘텐츠 유출 문제가 발생할 때도 있지만, 전반적으로 이 사이트는 온라인 보안이 우수하다는 단단한 평판을 가지고 있다.

12

스포티파이

음악 산업의 판도를 바꿔버린
스트리밍 서비스

스포티파이는 수백만 곡의 노래와 앨범, 팟캐스트를 재생하고 방대한 오디오북 라이브러리를 사용할 수 있는 디지털 음악 서비스다. 광고 기반의 서비스로, 요금은 무료다. 물론 스포티파이 프리미엄 서비스에 가입하여 광고 없이 음악을 즐기거나 원하는 트랙만 선택하여 재생할 수 있으며, 트랙을 내려받아 오프라인 상태에서 들을 수도 있다.[1] 스포티파이의 실사용자는 현재 세계적으로 6억 명 이상이며, 2030년까지 10억 명으로 확대하는 것을 목표로 한다.[2]

스포티파이의 이야기

스포티파이는 2006년 스웨덴의 수도 스톡홀름에서 다니엘 에크 Daniel Ek와 마틴 로렌존Martin Lorentzon이라는 두 명의 사업가가 설립했다. 둘 다 기술 분야에서 화려한 경력을 자랑하는 인물이다. 에크는 온라인 패션 게임 스타돌Stardoll에서 최고기술책임자로 근무했으며, 온라인 광고 회사인 애드버티고Advertigo를 직접 설립한 경험도 있었다. 애드버티고는 2006년 3월에 제휴 마케팅 네트워크 트레이드더블러TradeDoubler에 매각되었다. 그 후에 에크는 파일 공유 소프트웨어 개발업체인 유토렌트uTorrent에서 잠시 CEO를 맡았다.[3] 한편 로렌존은 1990년대에 검색 엔진 알타비스타 AltaVista의 고위직을 역임했으며, 1999년에 트레이드더블러를 공동 창립했다.[4]

에크와 로렌존은 음악업계에서 불법 복제가 갈수록 심각해지는 것을 보면서 이를 해결할 플랫폼을 개발하기로 마음먹었다. 모든 것이 디지털화됨에 따라 음악도 CD나 레코드판처럼 손에 잡히는 형태를 벗어나 손쉽게 전송할 수 있는 디지털 사운드 파일 형태가 대세로 자리 잡았다. 그로 인해 음악을 좋아하는 사람들도 점차 라임와이어LimeWire, 냅스터Napster, 파이러트 베이Pirate Bay와 같은 파일 공유 사이트에서 음악을 공유하거나 내려받으면서 음악 산업에 수백만 달러의 손실을 끼쳤다. 이렇게 기존의 비즈니스 모델이 심각한 위협을 받는데도 음악 산업은 대처 방안을 찾지 못하고 쩔쩔매기만 했다.

에크와 로렌존이 본격적으로 이 문제를 해결하기 위해 나선 것은 음악업계에는 천만다행이었다. 두 사람은 적절한 월 사용료만 내면 대규모 음악 라이브러리를 사용할 수 있는 음악 스트리밍 플랫폼을 만들었다. 음악을 좋아하는 사람들에게 불법 복제보다 매력적이고 저렴한 대안이 될 것이며, 더 나아가 음악 산업도 합리적인 이익을 얻을 거라고 생각했다. 스포티파이 플랫폼은 2008년 10월에 정식 출시되었다. 사용자는 광고를 통해 무료 서비스에 가입할 수 있었고, 원한다면 광고가 없는 월간 구독 서비스로 업그레이드할 수 있었다.[5] 처음에는 영국, 독일, 프랑스, 이탈리아, 스페인, 핀란드, 노르웨이, 스웨덴 등 주로 유럽 국가에서 이 플랫폼을 사용할 수 있었다.[6]

두 사람은 스톡홀름에 있는 에크의 아파트에 모여 앉아 사람들의 눈길을 사로잡을 만한 이름을 고심했다. 그러다 로렌존이 어떤 아이디어를 내놓았는데, 에크는 그가 '스포티파이'라고 말한 것으로 잘못 알아들었다. 구글을 찾아보니 아직 아무도 사용하지 않은 명칭이라서 도메인으로 등록할 수 있었다. 두 사람은 서둘러 스포티파이라는 브랜드명을 등록했다.[7]

스트리밍의 시대를 열어젖힌 혁신기업, 스포티파이. 초반에는 회의적인 시선을 견뎌야 했으나 결코 방향성을 굽히지 않았다.

초반에 음악 산업은 스포티파이에 회의적인 시선을 거두지 않았다. 스트리밍 서비스에서 발생하는 한 곡당 수익이 애플의 아이튠즈와 같은 기존 음악 다운로드 서비스의 수익보다 적었기 때문이었다. 아이튠즈는 2001년에 출시되었는데, 사용자가 노래나 앨범을 다운로드할 때마다 결제하는 방식이었으며 실적이 꽤 좋은 편이었다. 사실 2009년에 디지털 음악 판매 시장에서 애플의 점유율은 무려 69퍼센트나 되었다.[8] 그렇지만 에크는 애플이 시장을 이미 주도하고 있다는 사실에 움츠러들지 않았고, 온라인 음악 불법 복제를 근절하면 스포티파이가 궁극적으로 이 분야에서 높은 로열티 수익을 창출할 거라고 주장했다. 혁신적인 새로운 서비스에 대한 에크의 예상은 적중했다. 스포티파이는 출시하자마자 사용자들에게 엄청난 인기를 얻었고, 2010년에는 벤처 투자자들도 관심을 보였다.[9]

사업은 하루가 다르게 성장했다. 2011년 7월에는 미국에 진출했고, 유럽에 진출한 지 불과 5년 만인 2013년 3월에는 전 세계의 실사용자가 2,400만 명을 기록했다. 그중에서 유료 구독자는 600만 명이었다. 1년 후인 2014년에 스포티파이는 애플의 아이튠즈를 제치고 유럽에서 가장 큰 규모의 디지털 음악 서비스로 우뚝 섰다. 2018년 연말에는 유료 구독자 9,600만 명을 포함하여 전 세계 월간 사용자가 2억 700만 명을 기록했다.[10] 이렇게 승승

장구한 덕분에 2018년 초반에는 뉴욕증권거래소에 상장되었는데, 당시 시가총액은 295억 달러였다.[11]

　성공 가도를 달렸지만 스포티파이는 음악 스트리밍 회사에서 멈출 생각은 없었다. 사실 스포티파이는 '오디오 우선 기업'이 되려는 야심이 있었다.[12] 그래서 2019년에 팟캐스트 분야에 진출하기 위해 대담한 전략적 행보를 취했다. 그것은 바로 팟캐스트 제작사 김릿 미디어Gimlet Media와 팟캐스트 제작 플랫폼 앵커Anchor를 인수하는 데 3억 5천만 달러를 투자한 것이었다.[13]

　팟캐스트 시장에서는 후발 주자였지만 스포티파이는 미국 코미디언 조 로건, 킴 카다시안, 전 미 영부인인 미셸 오바마와 독점 계약을 따내는 등 발 빠르게 움직였다. 그리고 팟캐스터 지망생이 자신의 쇼를 제작하고 진행하도록 도와주는 무료 서비스인 '스포티파이 포 팟캐스터즈'도 시작했다. 이 플랫폼에서는 녹화, 편집, 분석, 팬 참여와 수익화 도구를 모두 제공한다.

　'오디오 우선' 전략을 계속 추구하는 과정에서 스포티파이는 2022년부터 오디오북 시장에 진출하게 되었다. 오디오 시장의 다음 선두 주자는 오디오북이 될 것이라고 판단한 결과였다. 이렇게 되자 2008년에 전자상거래 분야의 거물인 아마존이 인수한 서비스 오더블Audible이 본격적인 경쟁 상대로 꼽혔다. 스포티파이는 성명서를 통해 그들의 비전은 '모든 사람의 청취 요구를 충족해주는 올인원 서비스의 종착역이 되는 것'이며 '이 서비스가 아니었다면 오디오북을 절대 시도해보지 않았을 사람들'에게 오디오북을 소개하게 되어 매우 기대가 크다고 덧붙였다.[14] 사업은 꾸준히 성장을 거듭해 2022년에는 총매출액이 117억 유로를 넘었다.[15]

2020년부터 2021년까지 이어진 팬데믹 기간에도 스포티파이의 고객은 꾸준히 증가했다. 봉쇄 조치 때문에 집에 틀어박힌 수백만 명이 스포티파이의 신규 사용자가 되었다. 그 결과 사업은 빠르게 확장했고, 그들은 팟캐스트 사업에 아낌없이 투자했다. 하지만 너무 성급하고 무리하게 확장하려 한 것이 화근이었다. 2023년 초반에는 전체 인력의 6퍼센트에 해당하는 600명의 일자리를 감축해야 했다.[16] 그해 후반부에는 경기가 좋지 않아 운영비를 절감해야 한다며 전 세계 직원의 17퍼센트(약 1,500명)를 추가로 감축한다고 발표했다.[17] 그럼에도 스포티파이는 여전히 세계 100대 기술 기업 중 하나로 손꼽히며, 2024년 2월 기준 시가총액이 470억 달러에 달한다.[18]

이 책을 집필하는 시점에도 에크는 여전히 스포티파이의 CEO를 맡고 있지만, 로렌존은 대표직에서 물러나서 이사직만 유지하고 있다. 스포티파이 프리미엄은 지금도 1인당 월 구독료가 10.99달러로, 합리적인 가격을 유지하고 있다.

많은 기업이 음악 스트리밍 업계에서 스포티파이의 성공을 모방하려고 애쓴다. 스포티파이와 수년간 경쟁하는 애플도 마찬가지다. 애플은 2015년에 애플 뮤직을 출시하고, 드레이크, 프랭크 오션, 테일러 스위프트와 같은 아티스트와 전속 계약을 맺었다. 또한 음악 라이브러리를 무제한 사용할 수 있는 월간 구독제를 시행하고 있다.[19] 그 밖에도 아마존 뮤직, 판도라, 사운드클라우드, 유튜브가 스포티파이를 견제하지만, 그중 어느 곳도 스포티파이를 따라잡지 못했다. 이제 스포티파이는 디지털 음악 분야에서 애플을 밀어내고 세계에서 가장 인기 있는 음악 스트리밍 플랫폼으로 우뚝 서게 되었다.[20]

스포티파이의 비즈니스 모델에서 가장 중요한 부분은 주요 음반사나 독립 아티스트로부터 음악 콘텐츠를 공급받아 사용자들에게 스트리밍을 제공하는 능력에 달려있다. 스트리밍하는 음악에 대한 적정한 로열티를 아티스트, 작곡가, 음반사에 지급하는 방식이다. 현재 스포티파이에서는 1억 개가 넘는 오디오 트랙을 검색하고 재생할 수 있으며, 팟캐스트 타이틀은 35만 개, 오디오북은 35만 권이나 된다.[21] 기업의 공식적인 미션은 '수백만의 크리에이터에게 예술을 통해 생계를 꾸리게 하고, 수십억의 팬에게는 예술을 즐기고 거기에서 영감을 받을 기회를 줌으로써 잠재된 인간의 창의성을 최대한 끌어내는 것'이다.[22] 2024년까지 스포티

파이가 음악 산업에 녹음 및 발매 로열티로 지급한 금액은 480억 달러가 넘는다.[23]

창의성과 갈등

스포티파이는 창의성을 중요시하지만, 플랫폼에서 활동하는 아티스트 및 유명 인사와 종종 갈등을 겪기도 했다. 2014년에 미국 팝스타 테일러 스위프트는 각종 무료 스트리밍 서비스에서 신규 앨범 발표를 보류한 다음, 스포티파이에서 자신의 앨범을 다 삭제해버렸다. 이 일은 언론에 대서특필되었다.

스위프트는 야후 뮤직과의 인터뷰에서 솔직한 이유를 밝혔다. 음악 산업의 급격한 변화 속에서 스포티파이 같은 새로운 플랫폼의 등장은 '거대한 실험'처럼 느껴졌다면서 이렇게 덧붙였다. "제가 평생을 바쳐 이룩한 앨범을 그런 실험에 내주고 싶지 않습니다. 이 음악에 많은 공을 들인 작곡가, 프로듀서, 아티스트, 크리에이터가 공정한 보상을 받지 못한다고 봅니다. 음악은 아무런 가치가 없기에 무료로 제공되어야 한다는 인식이 사람들의 머릿속에 깊이 뿌리내리는 것에 동의할 수 없습니다."[24]

스포티파이는 스위프트의 결정에 다음과 같이 유감을 드러냈다. "우리는 팬들이 원하는 장소와 시간대에 음악을 들을 수 있어야 한다고 생각합니다. 물론 아티스트는 작품에 대한 정당한 대가를 받고 프라이버시도 보호받아야 합니다. 그래서 우리는 총수익의 거의 70퍼센트를 음악 산업에 돌려드립니다." 스포티파이는 스위프트가 마음을 돌리기를 바란다고 덧붙였다.[25]

그리고 3년 후에 정말로 스위프트는 생각을 바꾸었다. 2017년 6월에 경쟁 상대인 케이티 페리의 신규 앨범 〈위트니스Witness〉가 발매된 당일, 스위프트는 자신의 음악을 다시 스포티파이에 올렸다. 스위프트는 자신의 앨범 〈1989〉가 1천만 장 이상 판매된 것을 기념하여 감사의 뜻으로 스포티파이에 복귀했다고 밝혔다.

사실 에크는 스위프트에게 스포티파이로 돌아오라고 오랜 시간 끈질기게 설득했다. 내슈빌에 직접 찾아가 스위프트의 음악 담당 팀에게 사업 모델을 설명하고 스트리밍이 중요한 이유를 피력했다. CBS의 〈디스 모닝This Morning〉에서 에크는 이렇게 말했다. "스위프트의 팬도 그녀에게 돌아오라고 부탁했던 것 같습니다. 결국 새 앨범이 발매될 무렵에 스톡홀름에 와서 잠시 머무르며 스포티파이를 이해하려고 노력하더군요."[26]

2018년에는 스포티파이가 혐오 표현이나 폭력을 조장하는 콘텐츠를 없애려고 '혐오 콘텐츠 및 혐오 행위' 정책을 시행했다가 논란에 휩싸였다. 이 정책에 따라 미국 가수 R. 켈리의 노래는 플레이리스트와 알고리즘 추천에서 모두 삭제되었다. 당시 켈리는 심각한 수준의 성범죄 혐의를 받고 있었다. 하지만 스포티파이의 조치는 다른 아티스트들의 반발을 샀다. 이들은 어린 시절에 저지른 실수나 자신들에게 제기된 의혹 때문에 불이익을 받을지도 모른다는 점을 우려했다. 결국 스포티파이는 의도가 좋긴 해도 해당 정책이 모호한 표현을 사용하여 '혼란과 우려'를 초래했다고 인정했다.[27]

하지만 이어진 상황을 보면 스포티파이의 조처가 옳았다는 점이 드러났다. 2022년에 켈리는 성매매와 공갈 혐의로 30년 형을 선고받았으며, 1년 후에는 아동 성범죄로 또다시 20년 형을 선고받았기 때문이다.[28] 여전히 켈리의 음악 카탈로그는 스포티파이의 플레이리스트에 나오지 않지만, 사용자가 플랫폼에서 직접 검색하거나 감상할 수는 있다. 상황이 이렇게 되자 열띤 논쟁이 벌어졌다. 업계의 몇몇 관계자는 유죄가 확정된 성범죄자는 플랫폼에서 완전히 몰아내야 한다고 주장했으나, 켈리의 음악을 삭제하는 것은 사실상 검열이나 다름없다는 의견도 있었다.

2021년에도 큰 인기를 호가하는 팟캐스터 조 로건을 둘러싼 논란이 발생했다. 로건은 스포티파이를 대표하는 스타 중 하나이며, 청취자가 가장 많은 팟캐스트 〈조 로건 익스피리언스The Joe Rogan Experience〉의 호스트였다. 에피소드 한 개의 청취자가 평균 1,100만 명에 달했다.[29] 스포티파이는 이 팟캐스트의 독점 라이선스를 얻는 대가로 1억 달러를 냈다. 그런데 팟캐스트에 초대한 게스트와 함께한 자리에서 로건은 코로나19 바이러스 백신에 대해 논란의 여지가 있는 의견을 여러 번 제시했다. 또한 봉쇄 조치가 사실상 코로나 확산 현상을 영구화하는 것이라고 비난했다. 사람들이 집안에 갇혀있으면 상대방에게 바이러스를 전파할 확률이 더 높아진다는 것이었다(그러나 실제로는 가족 이외의 사람에게 바이러스가 퍼지는 것을 막아주었기에 전반적인 감염률을 낮추는 효과가 있었음). 로건의 발언을 두고 논란이 커진 후 가수 닐 영Neil Young과 조니 미첼Joni Mitchell은 스포티파이가 잘못된 정보를 퍼트리는 온상이라며 스포티파이를 떠나겠다고 선언했다.[30]

상황이 이렇게 치닫자, 2022년 1월에 에크는 스포티파이의 공식 블로그에 글을 올렸다. 에크는 언론의 자유가 중요함을 강조하면서 동시에 "균형을 유지하면서 의료계나 과학계에서 널리 수용되는 정보에 쉽게 접근할 수 있도록 더욱더 노력"할 필요가 있다고 인정했다. 스포티파이는 코로나바이러스에 관한 토론을 벌인 팟캐스트에는 '콘텐츠 권고' 경고를 표시하게 하고, 청취자들을 스포티파이의 코로나바이러스 전담 허브로 안내해 과학자나 의사, 보건 당국이 공유하는 정보를 풍부하게 제공했다.[31] 이 사태를 통해 스포티파이가 다양한 관점에서 나온 견해를 적극적으로 장려하는 동시에, 사실과 거리가 먼 정보를 접하는 위험을 최소화하고자 노력한다는 점이 증명되었다.

한편 좀 더 당혹스러운 상황이 벌어졌다. 로건이 그가 진행하는 방송의 초기 버전에서 여러 차례 흑인을 비하하는 발언을 했던 영상이 공개된 것이다. 블로그에 '콘텐츠 권고'에 관한 글을 올린 지 불과 며칠 만에 에크는 스포티파이 관계자에게 내부 메모를 보내서 팟캐스트 진행자가 인종차별적 발언을 한 것에 대해 사과했다. 에크는 "조 로건의 몇몇 발언은 매우 큰 상처를 주는 것입니다. 그의 발언은 우리 회사가 추구하는 가치관을 반영한 것이 아님을 명확히 해두고 싶습니다"라고 말했다. 〈조 로건 익스피리언스〉에서 총 113개 에피소드가 삭제되었으나, 에크는 이렇게 로건의 '입을 틀어막는 방식'에는 반대한다는 입장을 고수했다.[32]

서식스 공작인 해리 왕자와 부인 메건을 둘러싼 논쟁도 상당히 널리 알려져 있다. 2020년에 이 부부는 스포티파이와 2천만 달러 규모의 독점 계약을 맺고 오디오 프로젝트를 추진했다. 그러나 메건이 2년간 자신의 팟캐스트 〈아키타이프Archetypes〉에 공개한 에피소드는 12개에 불과했고, 스포티파이와의 계약은 2023년에 무산되었다. 이 사건 때문에 스포티파이 팟캐스트 혁신 및 수익화 총책임자인 빌 시먼스Bill Simmons가 공작 부부를 가리켜 '사기꾼'이라고 말한 것이 언론에 대서특필되었다.[33]

이렇게 특정 인사를 둘러싼 논쟁이 아니더라도 스포티파이는 아티스트에게 로열티를 너무 적게 지급한다는 비판을 피하지 못했다. 플랫폼이 아티스트에게 직접 돈을 지급하는 구조가 아니라 음반사, 유통업체, 저작권집중관리단체에 비용을 지급하면 이들이 아티스트와 수익을 나누어 가지기 때문이다. 2021년을 돌이켜보면 아티스트는 스트리밍당 0.0033달러에서 0.0054달러를 받았다. 즉 1달러를 벌려면 약 250회의 스트리밍이 필요하다. 반면 애플 뮤직은 스트리밍당 평균 1센트를 아티스트에게 지급했다.[34]

결제 방침에 대한 거센 비판이 일자 스포티파이는 음악 서비스로 벌어들이는 총수익의 3분의 2는 음반 관계자에게 돌아가며, 아티스트가 받는 금액은 음반 관계자와의 계약에 따라 달라진다고 해명했다. 그리고 스포티파이에서 누가 수익을 창출하는지, 수익 규모가 어느 정도인지, 스트리밍이 많다고 보는 기준이 무엇인지 명확히 설명하기 위해 라우드 앤 클리어Loud & Clear라는 웹사이트를 개설했다. 에크는 공식 웹사이트에 올린 성명서를 통해 "궁극적으로 누가 성공을 거두고 계속 번창할지 결정하는 주체"는 팬이므로 스포티파이에서 활동하는 모든 아티스트가 같은 수준의 성공을 누릴 수는 없다고 설명했다. 그렇지만 음악가들이 적절히 생계를 유지하도록 돕는 것이 플랫폼의 목적이므로 "매일 이 문제를 진지하게 고려하고 있다"고 덧붙였다.[35]

최근 인공지능이 급부상하면서 스포티파이는 음악 산업에서의 인공지능 활용에 관한 논쟁의 중심에 서게 되었다. 2023년, 스포티파이에서 가수 드레이크와 위켄드가 함께 부른 듯한 노래가 출시되어 큰 인기를 끌었다. 그러나 나중에 이 음원이 가수의 음성을 인공지능으로 복제하여 만든 가짜 음원임이 밝혀져 플랫폼에서 노래를 삭제하는 일이 있었다. 에크는 BBC와의 인터뷰에서 오토튠 같은 일부 인공지능 기술은 음악 작업에서 허용될 수 있지만, 사전 동의 없이 인간 아티스트를 모방하는 데 인공지능을 사용하는 일을 허용해서는 안 된다고 밝혔다.[36]

성공 비결

스포티파이는 애플과 같은 업계 거물에 맞서 시장에서 입지를 굳혔다. 아무것도 없는 상태에서 출발하여 수십억 달러 규모의 사업을 키워낸 것도 칭찬할 만한 일이다. 그러나 스포티파이의 눈부신 성장은 여기에서 끝나지 않는다. 그들이 스스로 말하듯, 이 플랫폼은 "음악 감상이라는 경험을 완전히 바꿔놓았다."[37] 과연 어떻게 이런 변화가 가능했을까?

초창기에 스포티파이 창립자는 디지털화의 영향으로 음악 산업에 이미 대대적인 변화가 일어나고 있음을 인지했다. 그들은 '혁신에 혁신을 더할' 기회를 포착했는데, 음악 애호가를 즐겁게 해주는 동시에 아티스트를 비롯한 업계 관계자들에게 각자의 수고에 대한 합당한 대가를 보장해주는 새로운 비즈니스 모델을 제시했다. 스포티파이가 제공하는 합법적인 스트리밍 서비스는 접근하기 쉽고 가성비가 좋으므로, 사람들은 무료로 불법 복제된 음악을 찾기보다는 기꺼이 돈을 내고 스포티파이에서 음악을 감상하는 쪽을 선택한다. 다양한 장르, 아티스트, 사운드를 검색할 수 있으며, 자기가 좋아하는 노래를 하나의 플레이리스트로 합치는 것도 가능하니 말이다.

초창기부터 승승장구한 또 다른 비결은 '프리미엄freemium(무료free와 할증premium의 합성어, 기본적 서비스는 무료로 제공하되, 고급 기능에 대해서 요금을 부과하는 방식–옮긴이)' 모델을 효과적으로 사용한 것이다. 광고가 있는 무료 서비스를 제공하는 동시에 광고 없이 이용 가능한 프리미엄 구독 서비스도 제공한다. 무료 서비스는 일종의 미끼 상품과 같아서 유료 서비스 고객을 유치하는 데 큰 도움을 준다.

기업의 성공에 힘을 실어준 또 다른 혁신 요소로는 '무드 플레이리스트(특정 분위기를 이끌어내는 다양한 장르의 노래로 구성된 플레이리스트)'와 자동 재생 기능(앨범이나 플레이리스트 재생이 끝나면 스포티파이가 자동으로 비슷한 노래를 찾아서 재생해주는 기능)이 있다. 그리고 1년간 들은 음악을 분석하여 사용자의 '청취 성향'을 알려주는 '스포티파이 랩드Spotify Wrapped'를 선보였는데, 이 기능은 큰 호응을 얻어 기존 사용자의 충성도를 높이는 것은 물론이고 새로운 사용자를 유치하는 데도 도움을 주었다. 그뿐만 아니라 음악가가 팬과 공유할 목적으로 짧은 동영상을 제작할 수 있는 스포티파이 클립스Spotify Clips와, 노래가 재생되는 동안 앨범 아트에 맞춰 5~8초 길이의 맞춤형 비디오를 반복 재생하는 스포티파이 캔버스Spotify Canvas라는 기능도 있다.[38]

온라인 비즈니스라면 충분히 예상할 수 있듯이, 스포티파이의 핵심 차별화 요소는 기술이다. 뛰어난 알고리즘 덕분에 수억 명의 사용자의 청취 습관을 분석하고 과거의 청취 행동을 기반으로 연결고리를 만들어서 사용자가 어떤 음악을 듣고 싶어 할지 예측한다. 이를 통해 스포티파이는 개인 취향에 딱 맞는 경험을 제공하여 좋은 평가를 얻고 있다.[39]

알레시아 파카니니 박사는 이렇게 설명한다. "사용자는 아주 저렴한 비용에 합법적으로 음악 스트리밍을 즐길 수 있습니다. 광고를 본다면 무료 사용도 가능하죠. 스포티파이는 고객의 필요를 충족하는 동시에 아티스트와 음반사에 새로운 수익 모델을 제공합니다. 이러한 패러다임의 전환 덕분에 음악 유통과 소비가 완전히 재평가되었죠. 이제 스포티파이는 음악 산업의 혁신에서 주도권을 쥐고 있습니다."

스포티파이는 12년간 사업을 지속하면서 비할 데 없는 수준의 고객 경험으로 '완전무결한 감상 시간'을 제공하는 데 집중했다. 그러나 음악 스트리밍 사업을 정복한 후에는 기존 사업을 기반으로 또 다른 서비스를 개발할 필요성을 절감했다. 경쟁에서 벗어나 새로운 사업 기회를 모색하기 위해 음악뿐만 아니라 오디오 시장 전체를 장악하는 방향으로 다각화하여, 팟캐스트를 거쳐 오디오북까지 진출했다.

팟캐스트와 오디오북 부문에는 이미 애플 팟캐스트, 아마존 오더블처럼 내로라하는 업체들이 있었기에 이 분야에 진출하는 것은 상당한 위험이었다. 그래서 스포티파이는 성급하게 결정하지 않았다. 전략상 충분한 시간을 들여 데이터를 수집하고 다양한 관점을 조사한 다음 새로운 분야에 도전할지 말지를 결정했다. 그들은 무엇보다도 '왜?'라는 질문을 면밀히 검토한다. 왜 이런 시도를 해야 하는가? 그렇게 하면 자사는 물론이고 소비자, 크리에이터, 광고주에게 어떤 이점이 있는가?[40]

지금까지 이 회사의 전략은 기존 소비자 기반을 활용하여 새로운 상품의 소비 및 참여를 촉진하는 것이었다. 그래서 팟캐스트와 오디오북을 겨냥한 새로운 앱을 개발하는 것이 아니라 사용자가 한 곳에서 무엇이든 들을 수 있게 해주었다. 다시 말해서 개인이 좋아하는 노래나 쇼, 이야기를 언제든 편하게 전환하며 듣게 해준 것이다. 쇼를 오프라인 상태에서 듣기 위해 내려받으려면 프리미엄 계정이 필요하지만, 팟캐스트는 무료로 들을 수 있다. 스포티파이 오디오북스를 사용하면 오디오북을 일회성 듣기용으로 구매할 수 있으며, 프리미엄 구독자가 되면 15시간 무료로 오디오북을 들을 수 있다. 즉 스포티파이는 특정 기능이나 상품이 아니라 전체적인 비즈니스 모델을 앞세워 경쟁사와 차별화하려고 노력한다.

수익보다 성장에 집중한 것은 사업을 확장하는 데 도움이 되었다. 아마존 역시 초창기에 이 전략으로 성공에 박차를 가한 바 있다. 사실 스포티파이는 2018년 제4사분기에 와서야 처음으로 영업이익을 공개했다. 당시 운영비를 줄인 덕분에 영업이익은 9,400만 유로를 기록했다.[41] 2020년 5월에는 에크가 결국에는 회사가 성장보다 이익에 더 집중하는 성숙한 단계에 도달하겠지만 '우선 몇 년간은 성장에 집중할 것'이라고 말했다.[42]

15년 이상 스포티파이를 이끌어온 에크는 뚜렷한 비전을 세우고 결단력 있게 행동하여 회사의 성공에 크게 이바지했다. 2012년, 자신의 커리어를 돌아보며 그는 이렇게 말했다. "저는 사람들이 불가능하다고 말하는 일들을 항상 해냈습니다. 결국에는 일이 잘될 거라는 순진한 마음이 있으니까요. 어쩌면 그 일이 얼마나 어렵고 힘든지 다 이해하지 못해서 그럴 수도 있고요."[43]

궁극적으로 스포티파이는 자기 힘으로 성공적인 비즈니스 모델을 만들었으며, 음반업계의 비즈니스 모델을 개선하여 업계의 판도를 완전히 바꿔놓았다. 2022년 라우드 앤 클리어 보고서에서는 2021년 음반 스트리밍 매출을 통해 음반 산업에서 169억 달러가 넘는 이익이 창출되었다고 밝혔다. 2014년에는 스트리밍, 음반 판매, 동기화, 다운로드와 물적 권한을 모두 합친 수익이 142억 달러였으므로 크나큰 발전을 이룬 셈이었다. 또한 2021년까지 1천 명이 넘는 아티스트가 스포티파이에서 100만 달러의 수익을 창출했는데, 특히 작곡가와 프로듀서가 스트리밍 서비스로 전례 없는 매출을 기록했다.[44]

파카니니 박사는 스포티파이의 결제 정책을 둘러싼 논란이 '매우 복잡하고 민감한 사안'이라고 생각한다. 스포티파이가 스트리밍 횟수에 따라 로열티를 지급하는 방침이 유명한 아티스트와 주요 음반사에 유리한 측면이 있지만, 이 플랫폼은 아티스트가 전 세계 사람들에게 다가갈 기회를 마련해주며, 이는 음악 노출 및 커리어 성장에 매우 소중한 요소다.

"이렇게 전 세계 음악 사용자에게 다가설 수 있는 플랫폼은 특히 신인 아티스트나 독립적으로 활동하는 아티스트에게 새로운 수익을 창출할 기회가 됩니다. 이를테면 라이브 공연, 상품 판매, 브랜드 협업을 추구할 수 있으니까요. 또한 스포티파이는 음악 불법 복제에 대한 합법적인 대안을 제공하므로, 아티스트와 저작권 보유자가 자기 작품에 대해 적절한 보상을 받을 수 있습니다. 스트리밍 서비스가 등장하기 전에 불법 다운로드가 성행하여 막대한 손실을 보았던 것을 생각해보면 매우 감사할 일이죠. 스트리밍 모델은 또한 장기적이고 축적 가능한 수익성을 강조합니다. 개별 스트리밍에서 발생하는 수익이 보잘것없게 보이더라도 시간이 지나면서 스트리밍 수익이 지속해서 발생하면 상당히 큰 금액이 되니까요."

그러나 파카니니 박사는 앞으로 스포티파이가 '아티스트 및 음반사와의 관계를 개선하고 강화'하는 데 집중해야 한다고 여긴다. 더욱더 투명하고 공정한 보상 모델을 제시하고 아티스트가 효과적으로 수익을 창출할 수 있는 추가 도구를 제공하여 로열티 지급을 둘러싼 논란을 잠재워야 한다는 의견이다.

앞으로 넘어야 할 산이 많지만, 스포티파이가 음악 스트리밍 업계의 선두 주자라는 점에는 의문의 여지가 없다. 잡지《버라이어티Variety》는 스포티파이의 15주년을 축하하는 기사에서 지금까지 이룩한 업적을 다음과 같이 높이 평가했다. "스트리밍 서비스가 음반업계의 구원투수라고 해도 과언이 아니다. 글로벌 리더인 스포티파이는 오늘날 음악 스트리밍 산업에 안정성과 성공을 가져다준 일등 공신이다."[45]

스포티파이의 혁신 원칙

문제가 있다면, 해결하라.

스포티파이는 불법 복제가 음악업계의 큰 골칫거리임을 파악한 다음, 적극적으로 문제 해결에 나섰다. 이는 비즈니스 모델에 큰 힘이 되었을 뿐만 아니라 업계 전반에도 도움이 되었다.

무료로 무언가를 제공하라.

스포티파이는 프리미엄 모델을 통해 청취자의 행동을 변화시켰다. 노래나 앨범을 구매할 때마다 돈을 내거나 파일 공유 서비스를 사용하던 사람들이 이제 월 구독료를 내고 음악을 듣는다.

고객의 기대를 초월하라.

스포티파이가 제공하는 음악, 팟캐스트, 오디오북 등 방대한 자료는 사람들에게 거대한 만족감을 안겨준다. 또한 스포티파이는 사용자의 관심사를 잘 파악하여 개인 맞춤형 서비스를 제공한다.

원칙을 고수하라.

스포티파이는 크리에이터를 적극적으로 지지하며 그들이 합당한 보상을 받게 해준다. 이처럼 윤리와 협업을 중시하는 방식 덕분에 음반업계 내의 아티스트 및 주요 관계자와 오랫동안 좋은 관계를 유지하고 있다.

장기적인 계획을 중시하라.

이 기업은 단기 수익보다 장기적인 성장에 더 집중한다. 덕분에 혁신에 아낌없이 투자하고 미래를 내다보며 비즈니스 모델을 꾸준히 개선하고 있다.

13

틱톡

누구도 무시할 수 없는 앱

틱톡은 짧은 동영상 및 음악 앱이다. '틱토커'라고 불리는 사용자들은 이 앱으로 짧은 동영상을 쉽고 빠르게 만들거나 찾아볼 수 있다. 하나의 문화적 현상으로 자리 잡은 틱톡은 전 세계에서 가장 많이 다운로드된 비게임 앱이다. 월간 실사용자는 11억 명 이상인데, 이는 세계 인구의 약 15퍼센트에 해당한다. 2022년에는 총매출액 94억 달러를 달성했다.[1,2]

틱톡의 이야기

우리에게 틱톡이란 이름으로 익숙한 이 앱은 2016년 9월에 중국에서 처음 출시되었다. 중국의 기술 대기업 바이트댄스가 만든 앱으로, 애초의 의도는 음악에 맞춰 립싱크하거나 춤을 추는 자기 모습을 동영상으로 촬영, 공유하는 플랫폼을 만드는 것이었다. 이때는 틱톡이라는 이름을 사용하지 않았다. 실제로 중국 국내시장에서는 여전히 그 당시의 이름인 '더우인(흔들리는 소리를 뜻함)'으로 알려져 있다. 이 앱은 개발된 지 불과 200일 만에 엄청난 인기를 끌었고, 1년 만에 이용자 수가 1억 명을 돌파했다.

중국에 더우인이 출시되고 1년 후에 바이트댄스는 틱톡이라는 이름으로 해외 버전 앱을 출시했다. 2017년 11월에는 립싱크 음악에 맞춰 짧은 동영상을 제작, 공유하는 소셜 미디어 앱 '뮤지컬리'를 약 8억 달러에 인수했다. 뮤지컬리는 중국에서 시작되었지만 당시 미국 10대 청소년 사이에서 인기를 얻고 있었다. 바이트댄스는 이듬해에 뮤지컬리 서비스를 종료하고, 대부분의 앱 기능을 틱톡에 통합하며 사용자도 틱톡으로 옮겼다. 2018년 8월이 되자 틱톡에서는 매일 10억 개 이상의 동영상이 조회되었다.[3]

팬데믹 기간인 2020년과 2021년에는 세계 곳곳에서 봉쇄 조치나 사회적 제한이 시행된 탓에 틱톡의 인기가 더욱 높아졌다. 집 안에 꼼짝없이 갇히게 되자 영상을 보거나 직접 영상을 만드는 사람들이 점점 늘어났으며, 틱톡이라는 플랫폼의 인기는 10대 청소년을 넘어 전 연령대로 확대되었다. 2020년 6월에 틱톡의 월간 사용자는 2006년에 설립된 트위터(현 X)보다 2배나 많았다.[4]

틱톡의 글로벌 비즈니스 솔루션 책임자인 블레이크 챈들리 Blake Chandlee는 2021년에 《버라이어티》에서 운영하는 어느 팟캐스트에 출연하여, 틱톡의 성공은 다양한 콘텐츠 덕분이라며 다음과 같이 설명했다. "틱톡에는 실력이 뛰어난 크리에이터가 아주 많습니다. 우리는 그들이 1년 내내 영감을 주는 이야기를 하도록 지원해준 것뿐입니다. 그 결과 매우 다양한 나이와 배경의 사람들이 틱톡을 선택했죠."[5]

15초의 인기

초반에 틱톡 크리에이터에게 허용된 동영상 길이는 최대 15초였다. 그러다가 점점 1분, 3분, 10분으로 동영상 제한 시간이 길어졌다. 틱톡은 녹화 및 편집 기능이 제공되므로, 크리에이터가 비교적 쉽고 간단하게 동영상을 녹화·편집·게시할 수 있다. 뷰티 필터, 듀엣, 영상 댓글, 음악 테마와 애니메이션 등 다양한 특수 효과를 사용하면 동영상 제작 과정이 더욱 즐거워진다.

또한 틱톡은 소니 뮤직, 워너 뮤직 등 저명한 음원 유통사와 손잡고 방대한 음악 라이브러리를 제공한다. 크리에이터는 동영상 콘텐츠를 촬영하는 동안 실시간으로 음악을 재생할 수 있다.

그런가 하면 기업들은 틱톡의 커머셜 뮤직 라이브러리를 활용할 수 있어, 상업적 사용이 승인된 사운드를 사용해 직접 광고나 마케팅 캠페인까지 제작하는 것이 가능하다.[6]

이처럼 틱톡은 음악업계에 의존도가 높은데, 주요 음악업체와 항상 관계가 좋았던 것은 아니다. 2024년 1월에 유니버설 뮤직 그룹은 틱톡과의 계약을 갱신하지 않기로 하면서 틱톡은 "음악에 대한 정당한 대가를 치르지 않으면서 음악 기반의 사업을 구축하고 있다"고 비난했다. 게다가 틱톡에는 "인공지능이 생성한 음반이 난무"하며 "플랫폼 자체에서 인공지능 음악 생성을 후원, 장려, 촉진"하는 도구를 개발하고 있으며, 이렇게 생성된 음악은 인간 아티스트가 마땅히 받아야 할 로열티에 적잖은 타격을 준다고 설명했다. 틱톡의 운영 방식은 한마디로 "인공지능을 앞세운 아티스트를 후원하는 것과 다름없다"라는 것이 유니버설 뮤직 그룹의 주장이었다.[7] 하지만 틱톡은 유니버설 뮤직 그룹이 거짓 주장을 늘어놓고 있으며, 지금까지 그들은 "아티스트나 작곡가의 이익보다 회사의 탐욕을 앞세워왔다"라고 반박했다.[8]

커뮤니티 또한 틱톡의 성공에 큰 영향을 끼쳤다. 플랫폼에는 '톡스'라는 매우 광범위한 관심사를 다루는 특수한 형태의 그룹이 있는데, 서로 관심사가 비슷한 크리에이터와 팬이 만날 수 있도록 도와준다. 가장 유명한 톡스로는 #Gamer, #LGBTQ,

#BookTok, #Parents, #CleanTok, #FoodTok 등이 있다.[9]

광고도 틱톡의 비즈니스 모델에서 매우 중요한 부분이다. 틱톡에는 인피드 광고(사용자의 개별 피드에 나타나는 광고), 브랜드 테이크오버 광고(틱톡 앱을 실행하자마자 나타나는 풀스크린 광고), 브랜드 해시태그 챌린지 광고(틱토커가 본인이 특정 행동이나 챌린지를 수행하는 모습을 동영상으로 촬영하여 올리도록 권유하는 광고) 등 다양한 광고 옵션이 있다.[10] 어떤 시장에서는 틱톡이 전자상거래로 진출하기도 했다. 틱톡은 기업 브랜드와 개인 판매자가 틱톡 커뮤니티에 제품을 선보이거나 판매할 수 있도록 '틱톡 커머스'를 출시했다. 샵 광고를 사용해도 되고 전용 틱톡 샵을 통해 판매할 수도 있다. 2024년 기준, 인도네시아, 말레이시아, 필리핀, 싱가포르, 태국, 영국, 미국, 베트남에 거주하는 광고주라면 틱톡 샵과 샵 광고를 사용할 수 있다.[11]

수익을 창출할 기회

일반 브랜드나 소매업체만 틱톡 플랫폼에서 매출을 얻는 것은 아니다. 크리에이터도 틱톡의 수익화 도구를 사용해 수익을 올릴 수 있다. 초창기에는 틱톡 크리에이터 펀드(현재는 신규 사용자에게는 제공되지 않음)가 있었다. 최근 30일간 영상의 실제 조회 수가 10만 회 이상이며 팔로워가 1만 명이 넘는 사용자만 이 펀드를 활용할 수 있으며, 동영상 조회 수가 1천 회를 넘을 때마다 틱토커는 2~4센트를 받게 된다. 따라서 동영상 하나가 조회 수 100만 회를 기록하면 크리에이터는 20~40달러의 수익을 갖게 되는 것이다.[12] 2023년 5월에는 크리에이티비티 프로그램 베타Creativity Program Beta가 출시되었다. 최소 1분 길이의 고품질 틱톡 동영상을 제작하는 인기 크리에이터를 위한 프로그램이며, 크리에이터 펀드보다 더 많은 현금 인센티브를 제공한다.

틱톡에서 가장 눈에 띄는 혁신 중 하나는 틱톡 라이브다. 크리에이터와 사용자가 실시간으로 상호작용할 수 있는 라이브 스트리밍 서비스로, '선물'을 주고받는 기능도 있다. 여기서 선물은 아이스크림콘, 팬더, 정원을 지키는 요정 등의 이모티콘인데, 먼저 플랫폼의 가상 코인을 결제하고 코인으로 이모티콘을 구매해야 한다. 크리에이터는 자신이 받은 선물을 다시 현금화할 수 있다. 사실상 이 선물은 일종의 온라인 기부로, 팬들이 자신에게 즐거움을 준 틱토커에게 감사를 표하는 방법이다.[13] 라이브를 시작하려면 팔로워가 1천 명 이상 모여야 한다. 팔로워가 적은 사용자는 다른 사람의 라이브 방송에 게스트로 초대받을 수 있다.

이 밖에도 틱톡 펄스라는 중요한 수익 분배 프로그램이 있다.

팔로워가 10만 명 이상인 크리에이터, 유명인, 언론 관계자들이 브랜드와 협업할 수 있도록 도와주는 프로그램이다. 틱톡 펄스에서는 광고주가 상위 4퍼센트에 속하는 동영상 콘텐츠 옆에 자기 브랜드를 배치할 수 있다.[14]

셀러브리티와 인플루언서

틱톡에 동영상을 올리는 유명인은 일일이 세기 어려울 정도로 많다. 가수 카밀라 카베요와 테일러 스위프트, 배우 라이언 레이놀즈와 윌 스미스, 유명 셰프 고든 램지를 들 수 있는데, 특히 고든 램지는 자신이 요리하는 모습이나 다른 사람의 요리 동영상을 보며 자신이 반응하는 모습을 동영상으로 게시한다.[15] 액션 영화 배우이자 캘리포니아 주지사를 지낸 아놀드 슈워제네거는 현재 70대 후반의 나이에도 불구하고 팔로워가 600만 명이 넘는다.

기존 유명 인사 외에도 틱톡을 통해서 좋은 평판을 얻거나 명성을 얻은 크리에이터도 적지 않다. 틱톡 팔로워 전 세계 1위는 카비 라메Khabane Lame라는 크리에이터인데, 2024년 3월 기준으로 팔로워가 1억 6천만 명이 넘는다.[16] 그는 종종 틱톡 트렌드를 조롱하는 무성 코믹 영상을 제작한다. 찰리 더밀리오Charli D'Amelio

라는 댄서도 그 뒤를 바짝 추격하는 중이다. 그녀는 댄스 동영상을 올려서 팔로워를 끌어모았다. 현재 틱톡의 성공을 기반으로 메이크업과 의류 등 여러 분야로 사업을 확장하고 있다.

틱톡은 인플루언서 마케팅 전략을 장려하는 것으로도 잘 알려져 있다. 기업은 인플루언서 마케팅을 통해 콘텐츠 크리에이터와 협력하여 브랜드를 홍보하는 짤막한 동영상을 만든다. 이렇게 하면 틱톡 사용자들이 특정 인플루언서에게 갖는 신뢰도를 이익 창출에 활용할 수 있고, 인플루언서는 브랜드의 홍보 대가로 수익을 기대할 수 있다.

보안 문제

틱톡은 단기간 내에 문화 및 경제 분야에서 막강한 영향력을 거머쥐었으나, 아무런 논란이 없었던 것은 아니다. 세계 최초로 진정한 글로벌 규모의 중국 플랫폼이라는 위상을 갖게 되자 많은 의혹이 제기되었다. 세계 각국 정부는 틱톡과 중국 정부와의 연계성에 대해 점점 큰 우려를 표했으며, 이 플랫폼을 통해 허위 정보가 퍼질 가능성이 있다고 여겼다. 틱톡은 중국 정부의 첩자 노릇을 하며 개인정보를 제대로 보호하지 못했다는 비난을 받기도 했다.

2020년에 인도는 프라이버시 침해 및 안전상의 우려가 있다며 국내 전역에서 틱톡을 포함한 58개의 중국 앱을 금지했다. 이 방침은 분쟁이 끊이지 않았던 히말라야 국경 지역에서 인도와 중국이 무력 충돌을 일으킨 직후에 발표된 것이었다. 한편 북미, 유럽, 호주와 뉴질랜드 등의 나라들도 공무원들에게 정부가 제공한 기기에서 틱톡을 사용하는 것을 금지했다.[17]

미국에서 틱톡의 인기는 가히 폭발적이다. 틱톡의 월간 사용자는 1억 5천만 명이 넘는데, 이는 미국 인구의 절반에 가까운 수치다.[18] 하지만 틱톡에 대한 거센 반발의 목소리를 내는 미국인도 있다. 2020년에 당시 미국 대통령 도널드 트럼프는 틱톡이 국가 보안에 위협이 된다고 간주하여 이를 금지하는 행정명령을 내렸다. 그러자 한동안 바이트댄스가 틱톡의 미국 사업권을 헐값에 넘길 수밖에 없게 되었다는 우려가 커졌다. 마이크로소프트가 가장 유력한 인수자였으며, 제휴 관계인 오라클과 대형슈퍼마켓 체인 월마트가 그 뒤를 이었다. 하지만 틱톡은 행정명령에 불복하는 법적 조치를 했고, 얼마 지나지 않아 트럼프가 퇴임하면서 행정명령은 실제로 시행되지 않았으며 매각에 관한 소문도 사라졌다.[19]

하지만 반발은 좀처럼 사라지지 않았다. 2023년 3월에는 미 상원의원들이 틱톡은 심각한 보안 문제가 있으며 미국 시민의 민감한 정보를 잠재적으로 위협한다고 주장하면서 틱톡을 완전히 금지해야 한다는 법안을 발의했다.[20] 틱톡 CEO 쇼우 지 츄Shou Zi Chew는 그 달에 미 의회에 출석해 틱톡을 개발한 회사인 바이트댄스가 중국 정부의 통제를 받는다는 주장은 사실이 아니며, 중국 정부가 미국 사용자의 자료에 접근하거나 그러한 자료를 요구했다는 어떠한 증거도 없다고 말했다. 그뿐만 아니라 앞으로 미국인에 관한 자료는 미국 내에 저장될 것임을 보장했다.[21]

2023년 4월에 틱톡은 호주에서 발생한 논란을 잠재우기 위해 〈틱톡에 관한 진실: 사실과 허구를 구분함The truth about TikTok: Separating fact from fiction〉이라는 제목의 성명을 발표했다. 우선 그들은 바이트댄스의 이사회에 중국 정부 측 인사가 소속되어 있다는 소문을 강력히 부인했다. 또한 바이트댄스가 중국 정부 소유가 아니라, 사업의 60퍼센트는 기관 투자자의 소유이며 20퍼센트는 직원들, 나머지 20퍼센트는 창립자인 장이밍Yiming Zhang의 소유라고 밝혔다. 덧붙여 틱톡은 사용자의 키스트로크를 지켜보지 않는다고 주장했다.[22]

이렇게 거센 논쟁이 있었지만 틱톡이 실제로 보안에 위협이 되는 존재인지는 확실치 않다. 알레시아 파카니니 박사는 "틱톡이 자료를 수집하는 방식의 성격이나 범위를 볼 때, 다른 국가에 본사를 둔 주요 소셜 미디어 플랫폼과 큰 차이가 없습니다"라고 말한다. "틱톡에 한정되는 것이 아닌, 모든 소셜 미디어 플랫폼에서 사용자 데이터 및 프라이버시를 보호할 필요성을 강조해야 합니다. 그렇게 해야만 디지털 환경에서 사용자의 안전을 보장하고 신뢰를 유지할 수 있습니다."

아직은 틱톡이 미국에서 금지되지 않았다. 하지만 2024년 3월에 의회는 바이트댄스가 지배 지분을 매각하지 않는 한 미국 내에서 틱톡을 차단한다는 취지의 법안을 통과시켰다. 상원의회의 승인을 거쳐 바이든 대통령이 서명하자 법적 효력이 생겼다. 이에 틱톡은 이 법이 위헌이라며 법원에 미 정부를 제소했다.[23] 만약 미국에서 틱톡이 퇴출당하면 사용자 기반과 광고 수익에 심각한 타격을 받게 되며, 더 나아가 글로벌 가치와 브랜드 평판에도 악영향을 줄 우려가 있다. 파카니니 박사에 따르면 미국의 퇴출처분이 '선례로 작용'하여 다른 국가에 영향을 줄 경우 다른 국가에서도 이와 유사한 조처를 고려할 가능성이 있다. 상황이 그렇게 흘러간다면 틱톡이 전 세계에 미치는 영향력과 사용자 기반이 약화될지 모른다.

각국 정부들만 틱톡에 부정적인 태도를 보인 것은 아니었다. 2023년 5월에 《파이낸셜 타임스》의 기자 크리스티나 크리들은 "틱톡이 나를 훔쳐보다니, 왜 그랬을까?"라는 제목의 기사를 발표했다. 기사에서는 바이트댄스 직원들이 작가들이 사용하는 자료의 출처를 찾으려고 틱톡 계정을 통해 크리들 본인과 다른 기자의 데이터에 접근했다고 밝혔다. 이를 시작으로 바이트댄스에 대한 부정적인 이야기가 계속 이어졌다. 결국 내부 조사가 시행되었고, 논란이 불탄 끝에 직원 4명이 바이트댄스에 사직서를 냈다.[24]

콘텐츠 수위 조절에 관한 틱톡의 가이드라인도 또 다른 논쟁을 불러일으켰다. 2019년에 영국의 일간지 《가디언》에서는 틱톡이 1989년 천안문 학살 사건과 티베트 독립을 언급한 영상에 대한 검열을 지시했다고 밝혔다. 둘 다 중국 정부가 매우 민감하게 반응하는 사안이었다.[25] 그다음부터 해당 가이드라인은 개정되었다. 틱톡 CEO 쇼우 지 츄는 2023년 미 의회에 출석하여 틱톡이 표현의 자유를 중시한다고 주장하면서 천안문 광장 관련 콘텐츠를 검열했다는 주장을 전면 부인했다.[26] 한편 틱톡이 너무 뚱뚱하거나 마르거나 못생긴 사람이 등장하는 동영상을 '포 유For You' 피드에서 제외하도록 지시했다는 폭로도 나왔다. 그러나 틱톡은 이를 사이버 폭력을 방지하려는 조처라고 주장했다.[27]

틱톡이 추천 알고리즘을 통해 해당 주제에 관심이 있는 10대 청소년에게 자해나 섭식 장애와 같은 콘텐츠를 노출시키고 자살을 미화하는 콘텐츠를 홍보했다는 비난도 있었다.[28] 그 밖에도 틱톡의 '일일 챌린지'가 도마 위에 올랐는데, 특히 산소 부족으로

기절할 때까지 숨을 참는 '블랙아웃 챌린지'는 강력한 질타를 받았다.[29]

이외에도 다양한 논란이 있었지만 가장 두드러진 문제는 틱톡의 심각한 중독성이다. 틱톡 사용자의 앱 사용 시간은 다른 어떤 소셜 미디어와는 비교가 되지 않을 정도로 길다.[30] 전 세계적으로 사람들의 틱톡 평균 사용 시간은 95분이다.[31] 깨어있는 시간의 약 10퍼센트를 틱톡에 사용한다는 의미다. 결국 틱톡은 2023년에 이러한 비판을 수용하여 18세 미만 사용자의 일일 사용 시간을 60분으로 제한했다.[32]

파카니니 박사는 이렇게 설명한다. "틱톡의 중독성이 위험한 수준이라는 비판의 목소리는 더 큰 문제로 연결됩니다. 소셜 미디어가 정신 건강에 미치는 영향, 특히 수많은 젊은 사용자가 받을 영향을 생각하지 않을 수 없습니다. 틱톡도 다른 소셜 미디어 앱과 마찬가지로 사용자의 참여를 극대화하는 데 초점을 맞추고 있습니다. 틱톡 알고리즘은 개인 맞춤형 콘텐츠를 끊이지 않게 계속 제공합니다. 아주 짧은 동영상 형식으로 되어 있어서 사용자는 짧은 시간 내에 대량의 콘텐츠를 손쉽게 접할 수 있죠. 또 '좋아요'를 누르거나 댓글을 남기거나 공유를 할 때는 즉각적인 만족감이 느껴지기에 습관적으로 틱톡을 사용하게 되는데, 사용자는 도파민 기반의 피드백 루프 때문에 여기서 좀처럼 벗어나지 못합니다. 나이가 어린 사용자는 중요한 사회 인지적 기능이 발달해야 하는 시기인데 이러한 패턴에 익숙해지면 문제가 생길 수 있습니다."

파카니니 박사는 틱톡과 같은 기업이 사용자에게 디지털 도구를 책임감 있게 사용하도록 권고해야 하지만, 사용자 개인의 인식도 매우 중요하다고 지적한다. "사용자 본인도 그렇고, 특히 어린 사용자의 보호자는 틱톡 사용에 적극적으로 개입해야 합니다. 합리적인 한계를 정해주고, 균형 잡힌 디지털 라이프스타일을 유지하도록 노력해야 합니다."

이처럼 사방에서 부정적인 시선이 쏟아지고 있다. 틱톡은 광고주, 규제기관, 정부는 물론이고 사용자와 신뢰를 구축할 필요가 있다. 블레이크 챈들리는 2023년에 〈시그널360Signal360〉과의 인터뷰에서 사용자의 데이터 보안을 포함하여 사용자 안전을 가장 중요하게 생각한다고 말했다. "소셜 미디어 분야에서 볼 때, 요즘 우리만큼 가장 꼼꼼하고 면밀하게 조사받는 기업은 없을 겁니다." 틱톡은 투명성 센터를 설립하여 규제기관과 언론인에게 공개했으며 투명성 보고서도 발표했다.[33]

영국의 저널리스트 크리스 스토클 워커는 저서《틱톡 붐Tik Tok Boom》에서 틱톡에서 명시적으로 식별되는 사용자 데이터가 중국으로 전송되지는 않지만, 일부 데이터가 바이트댄스 엔지니어에게 제공되었다고 지적했다. 엔지니어들은 그 데이터를 사용해 봇 공격을 식별하고 알고리즘이 설계 의도대로 작동하는지 확인한 것으로 보인다.[34] 워커는 방대한 연구 조사를 마친 후에 틱톡이 중국 정부의 통제를 받는다고 결론을 내리지는 않았다. 그는 다음과 같이 기술했다. "내가 아는 한, 증거를 살펴보면 중국 정부가 서방 민주주의에 침투하거나 이를 전복하려고 시도하는 과정에서 틱톡을 사용했다고는 말하기 어렵다."[35]

성공 비결

틱톡이 시장에 진입했을 무렵, 소셜 미디어 시장에는 이미 수많은 경쟁사가 있었다. 그러나 틱톡은 불과 몇 년 만에 기하급수적으로 성장했다. 과연 그 비결은 무엇일까?

우선, 틱톡을 소유한 기업이 중독성 있는 '슈퍼 앱'을 출시했던 바이트댄스라는 점이다. 바이트댄스는 2012년에 마이크로소프트 직원 출신인 장이밍과 그의 친구 량루보에 의해 세워졌다. 바이트댄스는 전 세계에 10만 명이 넘는 직원을 두고 있으며, 중국에서 기술 분야에서 가장 많은 급여를 주는 기업이라 유능한 인재를 끌어모으고 있다. 업무 조건은 주 6일, 아침 9시부터 저녁

9시까지 하루 12시간을 근무해야 하므로 강도가 높은 편이다.[36]

바이트댄스는 틱톡을 출시하기 전에 '토우티아오'라는 뉴스 앱을 출시하여 큰 성공을 거두었다. '헤드라인'이라는 뜻의 토우티아오는 중국에서 가장 큰 규모를 자랑하는 인공지능 기반의 콘텐츠 플랫폼으로, 기계학습과 딥러닝 알고리즘으로 질 높은 개인 맞춤형 콘텐츠를 제공한다.[37] 틱톡도 같은 전략을 사용하여 성공을 거둔 것이다.

바이트댄스는 틱톡이 겨냥하는 사용자 집단을 정확히 파악하고 있으며 임계질량을 빨리 달성하기 위해 광고에 막대한 비용을 투자했다. 특히 젊은 층을 적극적으로 공략했는데, 이들이 많이 모이는 장소라면 어디에서든 틱톡을 광고했다. 스냅챗이나 유튜브와 같은 경쟁 사이트도 예외로 두지 않았다.[38] 경쟁 상대인 인스타그램의 인플루언서에게 틱톡으로 넘어오면 돈을 주겠다며 포섭하기도 했다.[39] 뮤지컬리를 인수한 것도 매우 현명한 전략이었다. 미국 10대 시장에 진입할 수 있는 중요한 길을 터주었기 때문이다. 현재 틱톡 전체 사용자의 70퍼센트가 성인 사용자인데, 이들의 나이는 18~34세다. 한편 45세 이상 사용자도 약 15퍼센트나 된다는 점을 보면 다양한 연령층을 공략한 것이 틱톡의 성공 비결이라는 점을 알 수 있다.[40]

"다양성을 앞세운 글로벌 커뮤니티는 틱톡의 자랑거리입니다. 틱톡은 여러 가지 문화, 관심사, 언어를 아우르는 폭넓은 콘텐츠를 제공합니다. 특히 Z세대에게 큰 공감을 얻고 있는 청소년 중심의 콘텐츠와 문화 덕분에 젊은 세대가 가장 좋아하는 플랫폼으로 자리매김했습니다. 또한 스마트폰에 최적화된 모바일 중심의 접근 방식을 사용하는데, 이는 특히 젊은 세대의 모바일 인터넷 사용이 증가하는 점과 완벽하게 조화를 이룹니다"라고 파카니니 박사는 설명한다.

틱톡의 성공을 이끈 주인공은 강력한 추천 알고리즘이다. 사용자의 습관을 분석하여 관심사를 파악한 다음, 사용자에게 딱 맞는 동영상을 추천하여 결국 화면에서 눈을 떼지 못하게 만든다. 추천 영상을 보여주는 피드가 바로 '포 유' 피드다. 알고리즘은 사용자가 틱톡을 열자마자 작동하기 시작하는데, 초반에는 틱톡에서 가장 인기 있는 영상을 추천한다. 그런 다음 사용자가 무시하는 영상과 관심을 보이는 영상을 구분하기 시작한다. 사용자가 팔로우하는 계정이 아니라 그들이 과거에 '좋아요'를 눌렀거나 직접 검색했거나 상호작용한 기록이 있는 콘텐츠를 기반으로 피드에 제시할 콘텐츠를 선택한다. 새로운 영상이 올라오면 알고리즘은 소수의 사용자에게 이를 보여준다. 그렇게 해서 좋아요나 공유 횟수가 많거나 재생 시간이 길어지면 해당 영상을 비슷한 관심사를 가진 다른 사용자에게도 추천한다. 이 과정을 여러 번 반

복하면 해당 동영상이 널리 퍼지게 된다.[41]

블레이크 챈들러는 이 플랫폼에 재미와 진정성을 갖춘 콘텐츠가 있기에 알고리즘이 효과를 발휘하는 것이라고 생각한다. 그런데 이런 콘텐츠는 대부분 유명 인사나 인플루언서가 아니라 처음부터 오로지 남을 즐겁게 해줄 생각으로 동영상을 제작한 일반인이 올린 것이다.[42] 이들은 사람들의 눈길을 끌거나 공감을 자아내는 짧은 동영상을 만든다. 그리고 틱톡에서는 손쉽게 콘텐츠를 만들고 올리게 도와주기 때문에, 새로운 흥미진진한 동영상이 끊임없이 공급된다. 동영상을 만드는 데 필요한 편집 도구는 대부분 앱에 포함되어 있다. 동영상 길이에는 제한이 있기 때문에 짧은 시간 내에 창의성을 최대한 발휘해야 한다.

파카니니 박사는 이렇게 말한다. "틱톡은 콘텐츠를 추천하는 엔진이 효율적이며, 손쉽게 콘텐츠를 만들 수 있습니다. 여기에 짧지만 재미있는 콘텐츠가 더해지면서 소셜 미디어 환경에서 독특한 틈새시장을 확립했습니다. 그래서 사용자에게 엔터테인먼트를 즐기거나 자신의 창의성을 드러내기에 아주 좋은 통로가 됩니다."

틱톡의 성공담에서 타이밍도 빼놓을 수 없다. 틱톡이 출시된 시기인 2017년에는 바인이라는 동영상 공유 플랫폼이 폐쇄되면서 플랫폼 시장에 빈틈이 생겼는데, 틱톡은 이를 잘 공략했다. 바

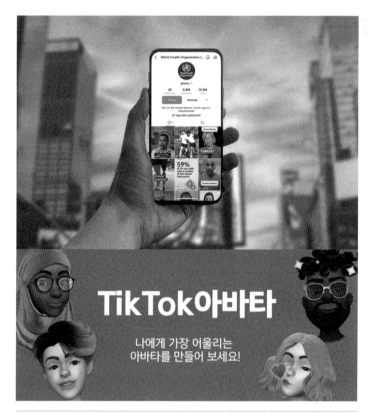

누가 뭐라 해도 틱톡은 멈추지 않는다. 새로운 서비스를 매일 제공하며 혁신을 거듭하는 것이야말로 틱톡의 주특기.

인은 트위터(현 X)가 운영하던 플랫폼으로, 당시에는 두 기업이 모두 손실을 보고 있어 트위터는 콘텐츠를 사용해서 수익을 내려는 크리에이터들에게 이렇다 할 기회를 제공할 처지가 아니었다.[43] 하지만 틱톡은 수익화를 전략의 핵심 요소로 내세웠기 때문에 시장점유율을 금세 높일 수 있었다.

틱톡은 제자리에 머무르지 않는다. 빠른 속도로 혁신을 추구하고 앱의 인터페이스를 주기적으로 업데이트하며 새로운 기능을 계속 추가한다. 덕분에 크리에이터는 콘텐츠로 여러 시도를 해볼 수 있고 플랫폼 사용자와 새로운 방식으로 만날 수 있다. 이처럼 꾸준히 혁신을 추구하기에 틱톡 사용자가 항상 적극적으로 참여하며 즐거움을 얻어가는 것이다.

파카니니 박사는 틱톡이 앞으로 "인공지능 기술을 폭넓게 확장하여 사용자의 필요를 더욱 세심하게 고려한 콘텐츠를 꾸준히 제공함으로써 사용자 참여를 고무할 것"이라고 말한다. 또한 전자상거래는 틱톡이 성장할 수 있는 또 다른 분야라고 말한다. "앱 내에서 쇼핑하는 서비스는 이미 시작한 상태인데, 이제 본격적으로 이를 개선, 확장하고자 힘쓰고 있습니다. 이러한 시도는 기존의 온라인 소매 모델을 완전히 바꿔놓을지 모릅니다." 그녀는 어쩌면 틱톡이 증강현실 및 가상현실 기술을 통합하여 '몰입형, 대화형 사용자 경험'을 제공한다면 소셜 미디어 분야에서 자사의 서비스를 더욱 차별화할 수 있다고 예상한다. 다만 현재와 같은 성공을 지속하려면 기억할 점이 있다. 데이터 프라이버시 및 보안 문제에 지속 대응하기 위해 '현지 법률 및 규정에 맞게 새로운 기능을 선보이거나 운영상의 변화'를 시도해야 한다.

블레이크 챈들러는 틱톡으로 브랜드를 홍보하고 싶다면 플랫폼을 직접 사용하면서 크리에이터 커뮤니티와 교류하는 것이 무엇보다 효과적이라고 말한다. 가장 좋은 마케팅 방법은 크리에이터가 잘 알기 때문이다. 마케팅에 성공하려면 마케팅의 대상 집단과 유사한 구독자를 보유한 크리에이터를 찾아내어 적극적으로 교류해야 한다.[44]

빠르게 성장한 데다 사용자 체류 시간이 어마어마하게 길다는 점을 고려할 때, 틱톡은 크리에이터나 브랜드가 무시할 수 없는 플랫폼이라는 점은 확실하다. 크리에이터는 팔로워를 늘리고 콘텐츠를 창작해 수익을 창출할 기회를 얻게 된다. 또 특별한 관심사를 중심으로 구성된 여러 집단이 있어 브랜드가 대상 고객에게 다가가거나, 기존 고객에게 업셀링을 시도하거나, 새로운 고객을 유치하는 데 좋은 토대를 마련해준다. 틱톡은 브랜드와 크리에이터가 서로 효과적으로 협업할 수 있도록 '크리에이터 마켓플레이스'도 제공한다.

틱톡의 큰 매력은 손이 오그라들 정도로 민망하거나 어색한 행동을 하는 모습을 가감 없이 드러낸다는 것이다. 흔히 다른 소셜 미디어 플랫폼에서는 자신의 멋진 모습을 자랑하기 바쁘다. 하지만 틱톡에는 음치가 노래를 부르거나 몸치가 춤추는 모습, 장난을 걸었다가 실패로 끝나는 모습을 쉽게 볼 수 있다.[45] 물론 그런 재미있는 동영상 외에 요리, 메이크업 강좌, 반려동물과 노는 모습, DIY 작업, 마술 등 다양한 분야에 대한 유용하고 실용적인 동영상도 넘쳐난다.

블레이크 챈들리에 따르면 사실 틱톡은 소셜 플랫폼이 아니라 '커뮤니티가 주도하는 엔터테인먼트 플랫폼'에 해당한다. 그는 틱톡이 다른 소셜 미디어 플랫폼의 대안이라기보다는 텔레비전을 대체하는 것이라고 말한다. 틱톡이 브랜드와 사람들이 소통할 수 있는 흥미진진한 방법을 많이 만들어내는 것만 봐도 그 점을 이해할 수 있다. 챈들리에 따르면 틱톡의 궁극적인 목표는 '창의성을 고취하고 즐거움을 선사'하는 것이다.[46]

이쯤에서, 모방은 가장 진실한 칭찬이라는 문장을 다시 언급해야겠다. 현재 숏폼 부문에서 틱톡이 맞닥뜨린 경쟁은 치열하다. 유튜브 쇼츠, 인스타그램 릴스, 트릴러, 바이트 등 한두 곳이 아니다.[47] 그래도 지금은 틱톡이 선두 자리를 차지하고 있다. 틱톡이 잠시라도 한눈을 팔면 놓칠 수 있는 엔터테인먼트의 제왕이라는 타이틀을 지켜낼지는 혁신을 지속하는 능력, 나아가 글로벌

하고 넓은 시장에서 살아남을 수 있는지 그 여부에 달려 있다.

틱톡이 앞으로 어떻게 될지 궁금하다면, 15초 만에 사람들을 사로잡는 이 놀라운 플랫폼을 계속 주시하기를 바란다.

사용자를 확실하게 파악하라.

틱톡은 사용자의 특성을 정확히 파악한 다음, 그들을 빨리 끌어들이기 위해 신중하고도 전략적으로 사업을 인수했다.

기술을 최대한 활용하라.

틱톡은 기술에 투자를 아끼지 않으며, 강력한 알고리즘을 개발하여 개인 맞춤형 경험을 제공한다.

고객의 마음을 계속 사로잡으려 노력하라.

틱톡은 사용자가 어떤 콘텐츠를 좋아하는지 간파하여 유사한 콘텐츠를 계속 공급함으로써 사용자가 흥미를 유지하고 플랫폼을 계속 찾게 만든다.

수익을 고루 나누어 가져라.

틱톡에서는 개개인이 콘텐츠를 만들어서 수익을 창출할 수 있다. 덕분에 사용자들은 틱톡이라는 플랫폼에서 꾸준히 새로운 혁신적인 콘텐츠를 창조해 내고 있다.

신속하게, 자주 혁신하라.

틱톡은 새로운 기능을 추가하는 등 끊임없이 플랫폼을 개선하고 있다. 이것이 바로 크리에이터와 사용자 및 브랜드가 틱톡에 대한 흥미를 유지하는 이유다.

마치며

이 책을 다 읽었다면 13개 혁신기업의 공통점이 과연 무엇일지 궁금할 것이다. 어떤 점이 비슷할까?

분명 이 책에 소개된 기업은 서로 다른 기업이며 비즈니스 모델도 제각각이다. 그러나 한 가지 매우 중요한 공통점이 있는데, 고기를 대신할 식물성 식품을 개발하거나 음악 불법 복제를 해결하는 등 특정 문제를 해결하고자 기업을 설립했다는 것이다.

또 다른 공통점은 유능하고 비전 있는 리더가 나서서 기업을 성공으로 이끌었다는 점이다. 이들은 높은 목표를 향해 열심히 노력했을 뿐만 아니라, 큰 위험도 기꺼이 감수하고 대담하게 의사결정을 했다. 그리고 기존의 일 처리 방식을 바꾸기로 결정할 때도 두려움에 움츠러들지 않았다. 이제 고인이 된 데시엠의 창립자 브랜든 트뤽스는 자기 분야의 시장을 완전히 뒤엎었다고 할 정도로 대대적인 혁신을 이루었으며 그 점에 대해 전혀 미안해하지 않았다는 면에서 훌륭한 사례가 된다. 미래에 혁신기업을 설립하고 운영하려는 야망이 있다면 이 점을 꼭 배워야 한다. 자신을 믿고 기업에 대한 비전을 굳게 믿으며, 더 나아가 스스로의 행동을 통해 변화를 이룩할 수 있다는 사실을 추호도 의심하지 말아야 한다.

혁신이라는 주제는 계속 반복된다. 이 책에 소개된 모든 기업은 각자의 분야에서 내로라하는 혁신의 주인공이다. 물론 관련 시장에서 최초로 혁신을 이룩한 기업은 아닐지 몰라도, 대부분이 초창기부터 활동했고 새로운 개념을 실행에 옮기는 면에서 경쟁사보다 훨씬 나았다. 사실 경쟁사 역시 이들이 더욱 열심히 노력하도록 자극을 주었다는 면에서 중요한 역할을 해냈다. 닌텐두의 경우, 치열한 경쟁을 벌인 마이크로소프트와 소니가 없었다면 이만큼 대단한 성공을 거두지 못했을 것이다. 다시 한번 강조하지만, 닌텐도는 시장점유율을 유지하려고 온갖 애를 썼으며 그러한 과정에서 비디오게임 시장에 혁신을 일으킨 것이다.

이 밖에도 모든 기업에 적용되는 것은 아니지만 상당히 많은 기업의 성공에 지대한 영향을 준 요소들이 있다. 그중 하나는 타이밍인데, 실제로 많은 기업이 중요한 외부 이벤트나 시장 추세에서 큰 도움을 받았다. 일례로 에어비앤비는 인터넷이 널리 사용되는 것을 활용하여 숙박업계를 뒤흔들어 놓았다. 온리팬스와 틱톡도 코로나19가 초래한 팬데믹 덕분에 인기가 높아졌는데, 당시 수많은 사람이 집에 갇히자 지루함을 달랠 엔터테인먼트를 갈구했기 때문이다. 마찬가지로 헬로우프레시의 밀키트 사업도 팬데믹 기간에 사람들이 식료품을 직접 사러 가는 것을 꺼려했기에 호황기를 누릴 수 있었다.

기업의 혁신을 주도하는 또 다른 중요한 요인은 저탄소 경제로 전환하려는 움직임이 확산되고 있다는 점이다. 전 세계 여러 나라가 넷제로 경제를 목표로 노력하고 있기에 각국 기업도 정부의 노력을 지지하고자 지속 가능성이 더 높은 제품과 서비스를 생산하고 있다. 가령 비욘드 미트, 옥토퍼스 에너지는 지속 가능성 분야에서 손꼽히는 혁신기업이다.

기술은 이 책에 소개된 여러 기업의 핵심적인 성공 비결이었다. 사실 기술이 성공의 전부라고 해도 과언이 아니다. 일례로 이더리움은 블록체인이라는 분산 원장 기술에 크게 의존한다. 인터넷은 매출이나 마케팅, 구독자에게 디지털 기반의 서비스를 제공하는 등 다양한 방식으로 혁신기업의 비즈니스 모델에서 핵심적인 역할을 한다. 데이터의 중요성도 간과할 수 없다. 혁신기업은 수준 높은 방법으로 데이터를 활용하여 매출을 늘리거나 개인 맞춤형 서비스를 고객에게 제공한다.

특히 몇몇 혁신기업은 소셜 미디어를 사용해서 매우 효과적으로 브랜드를 성장시켰다. 인플루언서 마케팅 전략을 적극적으로 수용했으며 유명 인사와 다른 인플루언서와의 협업을 통해 높은 실적을 거두었다. 유명 인사와 인플루언서는 동영상이나 기타 콘텐츠를 만들고 이를 소셜 미디어에 공유하는 방식으로 기업을 도와주었다. 짐샤크와 같은 혁신기업은 소셜 미디어를 십분 활용하고 인플루언서와 긴밀히 협조한 덕분에 브랜드 충성도가 매우 높은 팬 커뮤니티를 구축했다.

이들은 커뮤니티를 설립할 뿐만 아니라, 종종 자사의 비즈니스 모델에 커뮤니티를 포함했으며, 혁신을 통해 직접적인 혜택을 누릴 기회도 열어주었다. 가령 에어비앤비를 사용하는 호스트는 사용하지 않는 공간을 여행객에게 빌려주어 수익을 창출했다. 온리팬스나 틱톡과 같은 플랫폼에서는 콘텐츠를 통해 수익을 올릴 수 있다.

한 가지 더 눈에 띄는 주제가 있다. 이들이 초창기부터 부유한 개인이나 단체로부터 막대한 자금을 지원받았다는 사실이다. 덕분에 리더는 기업의 미래에 관한 설득력 넘치는 그림을 그릴 수 있었고 투자자들은 마음 놓고 리더를 신뢰하며 전폭적으로 지지할 수 있었다. 넉넉한 자금 지원 덕분에 빠른 속도로 기업을 키우고, 브랜드를 구축하고, 시장점유율을 넓히는 등 경쟁자를 쉽게 제친 것이다.

　다른 기업이 이 책에서 배울 수 있는 공통적인 교훈점을 하나만 꼽으라면, 현실적인 문제를 해결하는 것보다 단기 수익을 올리는 데 주력해서는 결코 혁신기업으로 성공할 수 없다는 것이다. 성공적인 혁신기업이라면 1984년 애플의 혁신 제품 매킨토시 컴퓨터의 마케팅에 도움을 준 실리콘밸리 마케팅 전문가 가이 가와사키의 말에 주의를 기울일 것이다. "창업자가 단시간 큰돈을 버는 것보다 세상을 바꾸는 데 더 주력할 때 비로소 훌륭한 기업이 탄생한다."[1]

감사의 글

매트 제임스, 조애나 스키너, 코건 페이지의 팀이 보여준 아낌없는 지원과 도움에 감사드립니다. 여러분과 또 한 번 함께 일할 수 있어서 정말 기뻤습니다.

온리팬스의 팀에게도 감사드립니다. 카일리 블레어, 에마 레이, 엘 브룩, 사라 제인 던, 리암 오닐 덕분에 온리팬스의 비즈니스 모델을 올바르게 이해하고 이 책에서 정확히 소개할 수 있었습니다.

그리고 이 책에 소개된 혁신기업에 관한 정보와 통찰을 기꺼이 제공해준 수많은 전문가에게도 감사드립니다. 한분 한분 소개하자면 루이스 베드웰, 이네스 블랄 박사, 발렌티나 클레르그 박사, 폴 딜런-에니스 박사, 존 엘모어, 토머스 파콰, 클라라 켈리,

리앤 킹, 알레시아 파카니니 박사, 에이미 스미스, 앤드류 테일러 교수입니다.

그리고 나에게 틱톡을 알려준 딸들, 루신다와 카밀라에게도 고마움을 전합니다. 나를 위해 많이 참아주었고 책에 관한 유용한 점을 지적해준 남편 에덴에도 크게 감사합니다.

혹시 제가 이 책을 집필할 때 인공지능을 사용했는지 궁금해하는 독자가 있을지도 모르겠습니다. 하지만 저는 인공지능을 사용하지 않았습니다. 조사 방향을 파악하고 제가 놓친 점이 없는지 확인하기 위해 챗GPT를 사용했지만, 이 책에 담긴 생각과 글은 모두 제가 직접 작업한 것입니다.

주

시작하며

1. Protectstar Inc (2013) iPhone1 – Steve Jobs MacWorld keynote in 2007 – Full presentation. 80 mins. 16 May

2. Shewale, R (2024) 32 iPhone user statistics: Sales, usage & revenue(2024). Demandsage. 11 January

3. Olito, F and Bitter, A (2023) Blockbuster: The rise and fall of the movie rental store, and what happened to the brand. Business Insider. 24 April

01 A24: 인디 영화 배급사가 수많은 팬을 거느린 영화계 스타가 된 이유

1. Kane, D (2021) A beginner's guide to A24, cinema's coolest studio. Esquire. 21 May

2. Avershal, D (2023) A24's not-so-secret recipe for success. Frame.io. 11 April

3. JH Wiki (2023) A24 (company)

4. Rotten Tomatoes (2023) A Glimpse Inside the Mind of Charles Swan III

5. Vega, E (2023) How A24 took over Hollywood. Vox. 12 May

6. Purdom, C (2023) Spring Breakers is a masterpiece. Esquire. 16 March

7. Hayes, P and Gawaran, A (2024) A24's highest-grossing movies of all time. MovieWeb. 25 January

8. Rotten Tomatoes (2023) The Witch

9. Robehmed, N (2017) The full story behind the 'La La Land' and 'Moonlight' Oscars mix-up. Forbes. 27 February

10. Hernandez, G (2022) 10 highest grossing A24 films in the 2010s, according to box office mojo. ScreenRant. 20 June

11. Hipes, P and Andreeva, N (2018) Apple inks deal with A24 for multiple films as part of push into movies. Deadline. 15 November

12. Statista (2023) Box office revenue of the highest grossing A24 movies worldwide as of September 2023. 4 September

13. Rotten Tomatoes (2023) Everything Everywhere All at Once

14. Sakoui, A (2023) Oscars 2023: A24 cements indie powerhouse status with 'Everything Everywhere All at Once' win. Los Angeles Times. 12 March

15. Vega, E (2023) How A24 took over Hollywood. Vox. 12 May

16 Tsintziras, A (2022) The 5 lowest-grossing A24 horror movies. Game Rant. 2 July

17 Gonzalez, U and Taylor, D (2023) A24 expands strategy from arthouse gems to more commercial films. The Wrap. 11 October

18 Vega, E (2023) How A24 took over Hollywood. Vox. 12 May

19 Vega, E (2023) How A24 took over Hollywood. Vox. 12 May

20 Koss, H (2022) 5 marketing lessons from indie film company A24. Built In. 8 February

21 Koss, H (2022) 5 marketing lessons from indie film company A24. Built In. 8 February

22 McDade, A (2023) 'Everything Everywhere All at Once' costumes and props – including iconic hot dog fingers and 'Raccacoonie' – sell for over $550K in A24 auctions. Business Insider. 2 March

23 Avershal, D (2023) A24's not-so-secret recipe for success. Frame.io.11 April

02 에어비앤비: 엉뚱한 아이디어로 여행업계 거물이 되기까지

1   Airbnb (2023) About us

2   Airbnb (2023) Airbnb Annual Report 2023

3   Gallagher, L (2017) The Airbnb Story. Virgin Books. London. p 1

4   Gallagher, L (2017) The Airbnb Story. Virgin Books. London. p 8

5   Gallagher, L (2017) The Airbnb Story. Virgin Books. London. p 13

6   Gallagher, L (2017) The Airbnb Story. Virgin Books. London. pp 16–20

7   Gallagher, L (2017) The Airbnb Story. Virgin Books. London. p 25

8   Gallagher, L (2017) The Airbnb Story. Virgin Books. London. p 28

9   Gallagher, L (2017) The Airbnb Story. Virgin Books. London. pp 30–35

10 McCarthy, C (2010) AirBnB raises funding, launches iPhone app. CNET. 10 November

11 Bradshaw, T (2011) Airbnb moves 'aggressively' into Europe. Financial Times. 31 May

12 Gallagher, L (2017) The Airbnb Story. Virgin Books. London. pp 50–54

13 Long, D (2017) Airbnb launches China brand name and ambitious growth plans. The Drum. 22 March

14 Macrotrends (nd) Airbnb Revenue 2018–2023

15 Chesky, B (2020) A message from Co-Founder and CEO Brian Chesky. Airbnb. 5 May

16 Hussain. N Z and Franklin. J (2020) Airbnb surges past $100 billion in biggest U.S. IPO of 2020. Reuters. 11 December

17 Airbnb (2023) Airbnb Q4 2022 and full-year financial results. 15 February

18 Davies. P (2023) Airbnb goes back to roots by promoting affordable home stays. Travel Weekly. 4 May

19 Garry. J (2023) Understanding NYC's new Airbnb crackdown: what travelers need to know. Lonely Planet. 22 September

20 Barnes. O (2023) Airbnb boss lays foundation for longer-term rentals. Financial Times. 4 October

21 Gallagher. L (2017) The Airbnb Story. Virgin Books. London. p 40

22 Gallagher. L (2017) The Airbnb Story. Virgin Books. London. p 38

23 Gallagher. L (2017) The Airbnb Story. Virgin Books. London. p 44

24 Schonfeld. E (2008) What's for breakfast at your house: Obama O's or Cap'n McCain's? TechCrunch. 9 October

25 Lee. D (2022) Airbnb makes renewed push to boost supply as rental rates soar. Financial Times. 16 November

26 Canadian Press (2020) Airbnb shares more than double in price in long-awaited IPO. CityNews. 10 December

03 비욘드 미트: 육류 코너에 진열된 대체육

1 Beyond Meat (2023) 2022 Annual Report. p 1

2 Jacobsen. R (2021) This top-secret food will change the way you eat.Outside. 30 June

3 Joiner. R (2019) Tastes (and feels) like chicken but invented in a Mizzou lab. St Louis Public Radio. 22 July

4 Jacobsen. R (2021) This top-secret food will change the way you eat. Outside. 30 June

5 Gates. B (2013) Future of Food. GatesNotes. 18 March

6 Foundation on Future Farming (nd) Meat and animal feed

7 The Conversation (2017) Five ways the meat on your plate is killing the planet. 26 April

8 Jacobsen. R (2021) This top-secret food will change the way you eat. Outside. 30 June

9 Stay-at-Home Vegan (2014) Review: Beyond Meat Beef-Free Crumbles. 30 April

10 Vegan Adjacent (2014) Product Review: Beyond Meat Beef-Free Crumbles. 21 May

11   Beyond Meat (2020) Beyond Meat® introduces the revolutionary plant-based Beyond Burger® in France together with Casino Group brands. 31 January

12   Daniel G (2018) The Taste of Science-Fiction! Amazon. 2 June

13   Williams, A (2018) Plant-based protein demand drives Beyond Meat's global expansion. Food Navigator. 9 May

14   Court, A and Associated Press (2019) Vegan burger-maker Beyond Meat which counts Leo DiCaprio and Jessica Chastain among its investors celebrates huge IPO debut as firm is valued at $3.7 BILLION. MailOnline. 2 May

15   Graham, M (2019) Twitter co-founder Williams says his 'phenomenally lucrative' bet on Beyond Meat stemmed from his vegan past. CNBC. 21 May

16   Statista (2023) Net revenue of Beyond Meat, Inc. worldwide from 2016 to 2022

17   Reuters (2023) Beyond Meat again cuts annual revenue forecast, launches new cost-cut program. 2 November

18   Pointke, M and Pawelzik, E (2022) Plant-based alternative products: Are they healthy alternatives? Micro- and macronutrients and nutritional scoring. Nutrients, 14 (3), 29 January

19   Dempsey, J (2023) Fake meat: As Beyond Meat sales fall, have we had our fill? BBC News. 12 August

20   Food and Agriculture Organization of the United Nations (2013) Tackling Climate Change Through Livestock

21   Xu, X et al (2021) Global greenhouse gas emissions from animal-based foods are twice those of plant-based foods. Nature Food. September, pp 724–32

22   Nardelli, M (2022) Meat-eating extends human life expectancy worldwide. The University of Adelaide. 22 February

23   Beyond Meat (2023) 2022 Annual Report, p 1

24   Beyond Meat (2023) 2022 Annual Report, pp 1–2

25   Beyond Meat (2023) 2022 Annual Report, p 2

26   Businesswire (2015) Beyond Meat® plants The Future of Protein™ in new campaign. 30 September

27   Statista (nd) Meat – worldwide

28   Southey, F (2023) Beyond Meat struggles continue in US, doubles down on EU expansion. Food Navigator Europe. 10 November

29   Food Standards Agency (2023) Identification of hazards in meat products manufactured from cultured animal cells: Hazards. 15 March

30   Southey, F (2023) Beyond Meat struggles continue in US, doubles down on EU expansion. Food Navigator Europe

04 크록스: 미움받는 것이 무관심보다 낫다

1   Crocs. Inc (nd) Who We Are

2   Macrotrends (nd) Crocs revenue 2010–2023

3   Crocs. Inc (2022) Comfort Report

4   Encyclopedia.com (nd) Crocs. Inc

5   Encyclopedia.com (nd) Crocs. Inc

6   Encyclopedia.com (nd) Crocs. Inc

7   CompaniesMarketCap (2023) Market capitalization of Crocs (CROX), 11 October

8   Oza. H (2007) Jibbitz & Crocs: The perfect fit. TheStreet. 4 June

9   Kim. L (2022) How Crocs went from zero to hero. Junkee. 14 October

10 Mui. Y (2009) Crocs shoe company stumbles during recession. Washington Post. 16 July

11 Teach. E (2012) How Crocs regained its footing. CFO. 15 May

12 Hampel. C (2023) Are Crocs cool now? – How companies managed to grow even after the pandemic. Global Edge. 5 April

13 Macrotrends (nd) Crocs revenue 2010–2023

14 Cision PR Newswire (2022) Crocs. Inc. completes acquisition of casual footwear brand HEYDUDE(, 17 February

15 Satenstein. L (2021) My Oscars red carpet obsession is Questlove's golden Crocs. Vogue. 25 April

16 Werner. K (2023) Crocs announces 'foul' new shoe. Independent. 10 October

17 Crocs. Inc (2023) Fandom takes center stage as Croctober kicks off by unveiling the Crocs Classic Cowboy Boot. 5 October

18 George-Parkin. H (2021) Exclusive: Crocs files lawsuits demanding that these 21 companies pay up for copycat clogs. Footwear News. 13 July

19 London. B (2015) Has Prince George made Crocs the hottest shoe of the summer? MailOnline. 16 June

20 Scarcella. M (2023) Crocs and rival footwear makes Joybees clash over trade secrets in US court. Reuters. 7 July

21 Danziger. P (2023) Crocs, the casual-comfort shoe brand, is gaining traction in the luxury market. Forbes. 24 February

22 Anderson. D (2006) When Crocs attack, an ugly shoe tale. CNN Money. 3 November

23 Anderson. D (2006) When Crocs attack, an ugly shoe tale. CNN Money. 3 November

24 Quantis (2018) Measuring Fashion

25   Crocs. Inc (2022) Comfort Report

26   Crocs (nd) We believe everyone should be comfortable in their own shoes

05 데시엠: 우리는 비정상적인 회사입니다

1   Deciem (2023) About us

2   Wischhover. C (2016) Deciem might be the most thrilling thing to happen to skincare in a long time. Racked. 22 September

3   Pidgeon. E (2020) Meet the CEO driving DECIEM's new-found popularity after a tumultuous past. The CEO Magazine. 26 August

4   Deciem (2023) Founder & Co-Founder

5   Deciem (2023) Founder & Co-Founder

6   Wischhover. C (2018) Deciem's Brandon Truaxe: the world's most controversial beauty CEO. explained. Vox. 22 October

7   Battan. C (2018) Fired Deciem co-CEO tells her side of the story. Elle. 5 April

8   Wischhover. C (2020) Deciem fueled the skin care boom. Then it almost went bust. Vox. 18 March

9   Battan. C (2018) Fired Deciem co-CEO tells her side of the story. Elle. 5 April

10   Braun. J (2016) Canadian beauty company Deciem opens first freestanding store. plans worldwide expansion. Fashion Network. 22 July

11   Battan. C (2018) Fired Deciem co-CEO tells her side of the story. Elle. 5 April

12   Parsons. S (2018) Update: Deciem founder Brandon Truaxe clears up US office rumours. Cosmetics Business. 5 April

13   Hou. K (2018) The 12 biggest revelations from Deciem CEO Brandon Truaxe's open letter. The Cut. 23 May

14   Floyd. E (2018) Deciem founder announces company shutdown until further notice. Fashion Network. 9 October

15   Miranda. L (2018) Deciem's founder has been ousted after saying the skin care company was shutting down. BuzzFeed News. 12 October

16   Wischhover. C (2018) Deciem's Brandon Truaxe: The world's most controversial beauty CEO. explained. Vox. 22 October

17   Brean. J (2019) 'A very amazing person': Brandon Truaxe. founder of Deciem. dies suddenly. National Post. 21 January

18   Pidgeon. E (2020) Meet the CEO driving DECIEM's new-found popularity after a tumultuous past. The CEO Magazine. 26 August

19   Larson. K (2021) What Estée Lauder's acquisition means for Deciem and The

Ordinary. Forbes. 24 February

20 Adegeest. D-A (2022) Beauty disruptor Deciem to close down four brands in restructure. Fashion United. 6 April

21 Deciem (2023) Founder & Co-Founder

22 Pidgeon. E (2020) Meet the CEO driving DECIEM's new-found popularity after a tumultuous past. The CEO Magazine. 26 August

23 Wischhover. C (2020) Deciem fueled the skin care boom. Then it almost went bust. Vox. 18 March

24 Deciem (2023) Founder & Co-Founder

25 Cosmetics Business (2016) How to launch a fast-growing cosmetics company. 17 June

26 Wischhover. C (2018) Deciem's Brandon Truaxe: The world's most controversial beauty CEO, explained. Vox. 22 October

27 Larson. K (2021) What Estée Lauder's acquisition means for Deciem and The Ordinary. Forbes. 24 February

28 Wischhover. C (2020) Deciem fueled the skin care boom. Then it almost went bust. Vox. 18 March

29 Pidgeon. E (2020) Meet the CEO driving DECIEM's new-found popularity after a tumultuous past. The CEO Magazine. 26 August

06 이더리움: 커뮤니티의 영향력

1 Rodeck. D (2024) What is Ethereum? How does it work? Forbes Advisor. 1 March

2 Y Charts (2024) Ethereum Market Cap (I:EMC). 10 February

3 GlobalData (2023) Bitcoin's Price History (2013–2023, $)

4 Morris. C (2021) Bitcoin price soars: How much $100 would be worth today if you had invested earlier. Yahoo!Finance. 8 February

5 Buterin. V (2014) Ethereum: A Next-Generation Smart Contract and Decentralized Application Platform

6 Rodeck. D (2024) What is Ethereum? How does it work? Forbes Advisor. 1 March

7 Chow. A (2022) The man behind Ethereum is worried about crypto's future. Time. 18 March

8 Centieiro. H and Lee. B (2022) 8 Things you didn't know about Vitalik Buterin & Ethereum! Medium. 29 March

9 Cawrey. D (2014) Miami Bitcoin Conference Day 2: Litecoin, new coins and regulatory risks. CoinDesk. 27 January

10 Rizzo, P (2014) $100k Peter Thiel Fellowship Awarded to Ethereum's Vitalik Buterin. CoinDesk. 5 June

11 Real Vision (2022) What is the Ethereum Foundation? 7 July)

12 Marshall, A (2016) Ethereum 101: From idea to release. Cointelegraph, 22 June

13 Marshall, A (2016) Ethereum 101: From idea to release. Cointelegraph, 22 June

14 Chow, A (2022) The man behind Ethereum is worried about crypto's future. Time, 18 March

15 Chow, A (2022) The man behind Ethereum is worried about crypto's future. Time, 18 March

16 Patel, N (2023) Can Ethereum reach $5,000? The Motley Fool, 14 October

17 US Securities and Exchange Commission (2023) SEC charges Coinbase for operating as an unregistered securities exchange, broker, and clearing agency, 6 June

18 PR Newswire (2023) Electric Capital releases 2022 Crypto Developer Report, 17 January

19 Chow, A (2022) The man behind Ethereum is worried about crypto's future. Time, 18 March

20 Forbes (2022) Vitalik Buterin

21 Sigalos, M (2023) Vitalik Buterin, the man behind ethereum, talks crypto and the U.S. crackdown. CNBC, 22 September

22 Graffeo, E (2021) How ethereum got its name: Inside founder Vitalik Buterin's decision to name the world's most active blockchain after a medieval scientific theory. Markets Insider, 30 May

23 Ethereum.org (nd) Intro to Ethereum, Ethereum.org

24 Ethereum.org (nd) Decentralized autonomous organizations (DAOs)

25 Chow, A (2022) The man behind Ethereum is worried about crypto's future. Time, 18 March

26 Ethereum.org (nd) Decentralized finance (DeFi)

27 Hicks, C and Adams, M (2023) Different types of cryptocurrencies. Forbes Advisor, 25 July

28 Chow, A (2022) The man behind Ethereum is worried about crypto's future. Time, 18 March

29 Ethereum.org (2024) Introduction to Web3, 1 March

30 Real Vision (2022) What Is the Ethereum Foundation? 7 July

31 Ethereum.org (nd) Intro to Ethereum, Ethereum.org

32 Rodeck, D (2024) What is Ethereum? How does it work? Forbes Advisor, 1 March

33 Ethereum.org (nd) Intro to Ethereum, Ethereum.org

34 Hale, Z (2022) Ethereum's 99 per cent cut in energy use will curb crypto's climate footprint, S&P Global Market Intelligence, 16 September

35 Rodeck, D (2024) What is Ethereum? How does it work? Forbes Advisor, 1 March

36 Hale, Z (2022) Ethereum's 99 per cent cut in energy use will curb crypto's climate footprint, S&P Global Market Intelligence, 16 September

37 Ethereum.org (nd) Decentralized finance (DeFi)

38 Chow, A (2022) The man behind Ethereum is worried about crypto's future, Time, 18 March

07 짐샤크: 피자 배달원의 손에서 탄생한 스포츠웨어계의 유니콘

1 Gymshark (nd) About us

2 Morgan, A (2023) Gymshark profits plummet due to soaring costs, Retail Gazette, 24 April

3 Gymshark (nd) About us

4 Sauer, M (2023) 30-year-old started his business with a website, sewing kit and Pizza Hut salary – now he's a billionaire, CNBC, 26 May

5 Jones, T (2022) How I made it: Gymshark's Lewis Morgan on growing a brand and investing in the next generation, BusinessLive, 1 March

6 CNBC (2021) He built a billion dollar fitnesswear brand in his 20s, 23 August

7 Rhys, S (2020) Ben Francis of Gymshark is worth £128 million according to Sunday Times Rich List, Birmingham Mail, 19 May

8 Jones, T (2022) How I made it: Gymshark's Lewis Morgan on growing a brand and investing in the next generation, BusinessLive, 1 March

9 Rhys, S (2020) Ben Francis of Gymshark is worth £128 million according to Sunday Times Rich List, Birmingham Mail, 19 May

10 Jones, T (2022) How I made it: Gymshark's Lewis Morgan on growing a brand and investing in the next generation, BusinessLive, 1 March

11 CNBC (2021) He built a billion dollar fitnesswear brand in his 20s, 23 August

12 Sauer, M (2023) 30-year-old started his business with a website, sewing kit and Pizza Hut salary – now he's a billionaire, CNBC, 26 May

13 Pearson-Jones, B (2020) Founder of celeb-loved brand Gymshark, 28, who is worth £125 million reveals he sold his share of the company because 'money isn't everything' and 'helping his family is the most important thing', MailOnline, 13

October

14 CNBC (2021) He built a billion dollar fitnesswear brand in his 20s. 23 August

15 Morgan, A (2023) Gymshark profits plummet due to soaring costs. Retail Gazette. 24 April

16 Gymshark (nd) About us

17 Accountancy Cloud (2021) The rise of Gymshark – how it turned into an over £1bn brand. May

18 Accountancy Cloud (2021) The rise of Gymshark – how it turned into an over £1bn brand. May

19 Gymshark (2023) What is Gymshark's commitment to sustainability?

20 Gymshark (nd) About us

21 Hayes, A (2020) How influencer marketing turned Gymshark into a £1 billion company. Influencer Matchmaker. 21 August

22 The rise of Gymshark – how it turned into an over £1bn brand. May

23 Roberts, A (nd) How Gymshark achieved massive success with ambassador marketing. Brandbassador

24 Gymshark (2022) Gymshark London – visit our flagship store on Regent Street. London. 17 October

08 헬로우프레시: 작은 상자에서 시작한 사업

1 HelloFresh (2023) Annual Report 2022

2 HelloFresh (2021) Happy Birthday HelloFresh – 10 years in numbers. 11 November

3 Quanstrom, R (2022) The history of HelloFresh: How it became the world's most popular meal kit. FoodBoxHQ. 19 December

4 Quanstrom, R (2022) The history of HelloFresh: How it became the world's most popular meal kit. FoodBoxHQ. 19 December

5 Crook, J (2015) HelloFresh raises $126 million in Series E From Rocket Internet. TechCrunch. 6 February

6 Quanstrom, R (2022) The history of HelloFresh: How it became the world's most popular meal kit. FoodBoxHQ. 19 December

7 HelloFresh (2014) HelloFresh raises $50 million in round led by Insight Venture Partners. 19 June

8 Howland, D (2018) Nearly 40 per cent of subscribers ultimately cancel services. Retail Dive. 27 February

9   Quanstrom. R (2022) The history of HelloFresh: How it became the world's most popular meal kit. FoodBoxHQ. 19 December

10 Statista (2024) HelloFresh: Global number of active subscribers from 2014 to 2017. 9 January

11 HelloFresh (2024) Fact Sheet. 10 April

12 Hancock. A (2020) HelloFresh doubles revenue as consumers snap up meal kits. Financial Times. 3 November

13 BBC News (2021) HelloFresh sees meal kit demand surge as shift to online continues. 4 May

14 Statista (2024) Market share of leading companies in the meal kit delivery market in the United States in 2022. 8 January

15 HelloFresh (2021) Happy Birthday HelloFresh – 10 years in numbers. 11 November

16 HelloFresh (nd) Planet

17 World Food Programme (2020) 5 facts about food waste and hunger. 2 June

18 United Nations (2023) Reducing food loss and waste: Taking action to transform food systems. 29 September

19 HelloFresh (nd) Planet

20 HelloFresh (2020) Fighting food waste: How HelloFresh helps tackle a global issue. 15 October

21 Statista (2024) Marketing expenses of HelloFresh worldwide from 2016 to 2023. 19 March

22 Shastri. A (2022) HelloFresh: Marketing the new way of cooking. Indian Institute of Digital Education. 29 November

23 HelloFresh (2023) How AI and machine learning are driving business at HelloFresh. 20 September

24 Businesswire (2021) Factor becomes number one ready-to-eat meal company in US.. 8 December

25 HelloFresh (2023) Expanding ready-to-eat to Europe: Factor Netherlands & Flanders. 8 September

26 Statista (2024) HelloFresh – statistics & facts. Statista. 10 January

<u>09</u> 닌텐도: 화투에서 마리오 카트까지, 100년간 이어진 혁신

1   Nintendo (nd) Company profile

2   Statista (2023) Annual net sales generated by Nintendo worldwide from 2008 to

2023

3   CompaniesMarketCap (2024) Market capitalization of Nintendo (7974.T), 10 February

4   nsidr (2003) Nintendo history lesson, 12 September

5   nsidr (2003) Nintendo history lesson, 12 September

6   McCurry, J (2008) Nintendo's Wii makes Yamauchi Japan's richest, The Guardian, 8 May

7   Ryan, J (2011) Super Mario, Portfolio/Penguin, New York, p 28

8   Ryan, J (2011) Super Mario, Portfolio/Penguin, New York, p 30

9   Ryan, J (2011) Super Mario, Portfolio/Penguin, New York, p 36

10   Ryan, J (2011) Super Mario, Portfolio/Penguin, New York, p 36

11   Park, G (2020) Every Mario game, ranked, Washington Post, 6 May

12   Ferreira, B (2016) Why Zelda was so revolutionary when it came out 30 years ago today, Vice, 21 February

13   Romaine, J (2021) The top 10 media franchises, Changing America, 7 October

14   Tech Insights (nd) Retro tech: Nintendo DS: Multi-generational appeal

15   Makuch, E (2013) Wii system sales cross 100 million units, Gamespot, 31 July

16   BBC News (2012) Nintendo reports first annual loss as Wii sales suffer, 26 April

17   BBC News (2012) Nintendo's Wii U games console will be sold at a loss, 26 October

18   Hussain, T (2015) Nintendo returns to full-year profit for first time in four years, Gamespot, 7 May

19   Randell, L-M (2023) 7 Reasons why the Nintendo Switch has been such a success, MUO, 26 May

20   Brian (2023) Nintendo financial results – November 2023 – Switch at 13246 million units, Nintendo Everything, 7 November

21   Lane, G (2023) Switch hardware sales now over 125 million, PS2, Nintendo DS target still a way off, Nintendo Life, 9 May

22   Schofield, J (2013) Hiroshi Yamauchi obituary, The Guardian, 19 September

23   Simons, H (2023) PlayStation history: From console neophyte to all-conquering veteran, Android Authority, 12 April

24   Vintage is the New Old (2023) What was so special about the PlayStation 2? 12 November

25   Lane, G (2023) Switch hardware sales now over 125 million, PS2, Nintendo DS target still a way off, Nintendo Life, 9 May

26 Ravenscraft, E (2019) How the PlayStation took over the world. Medium, 9 December

27 Gurwin, G (2021) The history of the Xbox. Digital Trends. 16 March 28 Lane, R (2021) Xbox at 20, in the words of people who made its first games. The Guardian, 16 November

28 Lane, R (2021) Xbox at 20, in the words of people who made its first games, The Guardian, 16 November

29 Lane, R (2021) Xbox at 20, in the words of people who made its first games. The Guardian, 16 November

30 Statista (2024) Xbox 360 lifetime unit sales worldwide as of January 2024, by region. 2 January

31 Rawmeatcowboy (2023) New report shows market share and more between Nintendo, Sony and Microsoft. 28 February

32 Gera, E (2014) Nintendo completes buyback as founding Yamauchi family sells shares. Polygon, 4 February

33 Doolan, L (2023) Nintendo's new employee retention rate is 98.8% in Japan. Nintendo Life, 3 September

34 Schofield, J (2013) Hiroshi Yamauchi obituary. The Guardian, 19 September

35 Whitehead, T (2021) Nintendo Switch now has over 6700 third-party games. Nintendo Life, 5 November

36 Greer, C (2021) Mario the plumber has a net worth of $800 billion, study says. ScreenRant, 26 June

37 Schofield, J (2013) Hiroshi Yamauchi obituary. The Guardian, 19 September

10 옥토퍼스 에너지: 재생에너지와 인공지능의 결합

1 Octopus Energy Group (nd) What we're made of

2 Octopus Energy (nd) About Octopus Energy

3 Lawson, A (2022) Octopus Energy's Greg Jackson: 'Climate change is no longer this vague thing'. The Guardian, 11 June

4 Lawson, A (2022) Octopus Energy's Greg Jackson: 'Climate change is no longer this vague thing'. The Guardian, 11 June

5 Octopus Energy (2020) Octopus Energy enters USA with acquisition of Silicon Valley-based startup Evolve Energy. 29 September

6 SEFE (2023) A brief history of the UK energy crisis – and what to expect next. 16 February

7 Brignall, M (2021) Bulb Energy: Key questions answered for customers after

collapse. The Guardian. 23 November

8   Lawson. A (2022) Octopus Energy's Greg Jackson: 'Climate change is no longer this vague thing'. The Guardian. 11 June

9   Chestney. N (2022) UK's Octopus Energy seizes bigger slice of energy retail market. Reuters. 29 January

10 SEFE (2023) A brief history of the UK energy crisis – and what to expect next. 16 February

11 Zeldin-O'Neill. S (2022) Octopus Energy announces takeover of collapsed supplier Bulb. The Guardian. 29 October

12 Octopus Energy (2023) Octopus Energy completes migration of Bulb customers in record time. 30 June

13 Earl. N (2023) Interview: Why Octopus Energy boss Greg Jackson is still powered up. CityAM. 7 June

14 Jackson. G (2021) FCA clears acquisition of Octopus Renewables by Octopus Energy. Octopus Energy. 26 March

15 Octopus Energy (2023) Octopus Energy completes purchase of Shell Energy Retail in UK and Germany. 1 December

16 Millard. R (2023) Octopus Energy: the UK start-up outgrowing its roots. Financial Times. 1 October

17 Van Houten. A (2023) Octopus Energy finding efficiency. Time100 Most Influential Companies 2023. 21 June

18 Octopus Energy (2023) $800m investment to accelerate Octopus Energy's global clean energy growth. 18 December

19 Octopus Energy Group (nd) What we're made of

20 Millard. R (2024) Octopus Energy turns first profit since launch in 2015. Financial Times. 27 January

21 International Energy Agency (2023) Greenhouse gas emissions from Energy Data Explorer. 2 August

22 Fernández. L (2023) Renewable energy market size worldwide in 2021. with a forecast from 2022 to 2030. Statista. 27 January

23 Shah. S (2024) A guide to the Big Six energy suppliers. Compare the Market. 11 January

24 Octopus Energy Group (nd) What we're made of

25 Octopus Energy Group (nd) How does Octopus Energy do green power?

26 Gale. A (2021) How Greg Jackson built an energy start-up now worth more than Centrica. Management Today. 2 November

27 Clark. A (2023) The Cosy 6 heat pump: Revolutionising heating the Octopus way. Octopus Energy. 21 September

28 Octopus Energy (2020) Octopus Energy enters USA with acquisition of Silicon Valley-based startup Evolve Energy. 29 September

29 Gale. A (2021) How Greg Jackson built an energy start-up now worth more than Centrica. Management Today. 2 November

30 Octopus Energy Group (nd) What we're made of

31 Earl. N (2023) Interview: Why Octopus Energy boss Greg Jackson is still powered up. CityAM. 7 June

32 Lawson. A (2022) Octopus Energy's Greg Jackson: 'Climate change is no longer this vague thing'. The Guardian. 11 June

11 온리팬스: 크리에이터에게 경제권을 넘겨준 플랫폼

1 OnlyFans (2023) Who we are

2 Das. S (2020) Meet the king of homemade porn – a banker's son making millions. The Times. 26 July

3 Shillito. J (2022) Meet the British founder of OnlyFans raking in millions. Media Moment. 25 November

4 Das. S (2020) Meet the king of homemade porn – a banker's son making millions. The Times. 26 July

5 Prakash. P (2023) OnlyFans owner Leonid Radvinksky just got a $338 million dividend payout – and the platform shows no sign of slowing. Yahoo!Finance. 25 August

6 Espinoza. J (2023) OnlyFans explained: What you need to know about the NSFW site. Complex. 4 April

7 Shillito. J (2022) Meet the British founder of OnlyFans raking in millions. Media Moment. 25 November

8 Espinoza. J (2023) OnlyFans explained: What you need to know about the NSFW site. Complex. 4 April

9 Facebook (2022) Cardi B explains why she has an OnlyFans account

10 Phillips. J (2023) Inside Bella Thorne's OnlyFans – £1m in 24 hours. nude controversy and foot snaps. Daily Star. 18 April

11 Hern. A and Waterson. J (2021) Why OnlyFans had second thoughts on banning sexually explicit content. The Guardian. 29 August

12 OnlyFans (2022) Our mission. vision and values. May

13 McAlone. N (2023) OnlyFans users spent more than $5 billion last year. as the

number of creators surged 47%, Business Insider India. 24 August

14 George, S (2023) Unlocking the secrets of OnlyFans business model, Appscrip. 27 January

15 Gissen, L (2023) Model Bryce Adams, 29 – who is one of OnlyFans' 'most liked' creators – lifts the lid on the STAGGERING money she earns from her X-rated content. MailOnline. 3 October

16 Mangalindan, JP (2022) How much an OnlyFans star in the top 0.1% earns per month – and the strategy that helped her cross the $1 million revenue mark. Business Insider. 3 November

17 Isgin, K (2023) 'I quit my job as a carer to join OnlyFans – and have made £160k from the site'. Manchester Evening News. 1 February

18 Lindsay, J (2020) The realistic guide to OnlyFans – from people who sell pictures on the platform, Metro. 27 August

19 Tingle, R and Davies, J (2022) Reclusive OnlyFans owner raked in more than £448MILLION in just 18 months – while creators made £347bn. MailOnline. 2 September

20 Das, S (2020) Meet the king of homemade porn – a banker's son making millions. The Times, 26 July

21 Tingle, R and Davies, J (2022) Reclusive OnlyFans owner raked in more than £448MILLION in just 18 months – while creators made £347bn. MailOnline. 2 September

22 Neate, R (2023) OnlyFans owner pays himself $1.3m a day from UK-based adult content site. The Guardian. 24 August

23 Daniel, C (2023) OnlyFans users and revenue statistics (2023), SignHouse. 29 December

24 Bedbible.com (2023) Porn industry revenue – numbers & stats. 23 August

25 Buchholz, K (2019) How much of the internet consists of porn? Statista. 11 February

26 Waterson, J (2021) Essex family behind OnlyFans profit from pornography boom. The Guardian. 24 May

27 OnlyFans (nd) OnlyFans Safety & Transparency Center

12 스포티파이: 음악 산업의 판도를 바꿔버린 스트리밍 서비스

1 Carbone, S (2024) Spotify Free vs Premium: Is it worth it? SoundGuys. 5 March

2 Edser, N and McCallum, S (2023) Spotify to axe 1,500 workers to cut costs. BBC News, 4 December

3   Music Business Worldwide (nd) Daniel Ek

4   Forbes (nd) Martin Lorentzon. 9 October

5   BBC News (2018) How Spotify came to be worth billions. 1 March

6   Music Business Worldwide (nd) Daniel Ek

7   Soundplate (nd) The truth behind how Spotify got its name

8   Robinson. K (2021) 15 years of Spotify: How the streaming giant has changed and reinvented the music industry. Variety. 13 April

9   Alexander. S (nd) Daniel Ek. Britannica

10   Ingham. T (2019) Spotify hit 96m paying subscribers in 2018 – and just posted its first ever operating profit. Music Business Worldwide. 6 February

11   Roof. K (2018) Spotify opens at $116590. valuing company at almost $30 billion. TechCrunch. 3 April

12   Spotify (2021) Spotify: A product story: Spotify's podcast bet. April

13   Russell. J (2019) Spotify says it paid $340m to buy Gimlet and Anchor. TechCrunch. 15 February

14   Spotify (2022) With audiobooks launching in the U.S. today. Spotify is the home for all the audio you love. 20 September

15   Götting. M-C (2024) Spotify's revenue worldwide from 2013 to 2023. Statista. 15 March

16   Milmo. D (2023) Spotify to cut 600 jobs after CEO admits to expanding too quickly. The Guardian. 23 January

17   Thomas. D and Nicolaou. A (2023) Spotify to cut almost a fifth of staff in efficiency drive. Financial Times. 4 December

18   CompaniesMarketCapcom (2024) Largest tech companies by market cap. 10 February

19   BBC News (2018) How Spotify came to be worth billions. 1 March

20   Curry. D (2024) Music streaming app revenue and usage statistics(2023). Business of Apps. 8 January

21   Spotify (nd) About Spotify

22   Spotify (nd) About Spotify

23   Spotify (2023) Our Annual Music Economics Report

24   Willman. C (2014) Exclusive: Taylor Swift on being pop's instantly platinum wonder… And why she's paddling against the streams. Yahoo Music. 6 November

25   Hern. A and Dredge. S (2014) Taylor Swift v Spotify: Back catalogue removed from streaming services. The Guardian. 3 November

26   Morgan Britton, L (2018) Spotify boss explains how he convinced Taylor Swift to return to the streaming service. NME. 3 April

27   Gajanan, M (2018) Spotify ends 'Hateful Conduct' policy that banned R. Kelly from playlists. Time. 1 June

28   Savage, M (2023) R Kelly: The history of his crimes and allegations against him. BBC News. 24 February

29   Martinez, G and Thompson, M (2022) Spotify CEO says he won't silence Joe Rogan: Daniel Ek tells staff podcast host does not reflect the company's values – despite paying him $100 million for exclusive licensing rights. MailOnline. 8 February

30   Geddes, L (2022) Joe Rogan's Covid claims: what does the science actually say? The Guardian. 31 January

31   Ek, D (2022) Spotify's platform rules and approach to COVID-19. Spotify. 30 January

32   Martinez, G and Thompson, M (2022) Spotify CEO says he won't silence Joe Rogan: Daniel Ek tells staff podcast host does not reflect the company's values – despite paying him $100 million for exclusive licensing rights. MailOnline. 8 February

33   Mahdawi, A (2023) Why did Harry and Meghan's $20m podcast deal collapse? Over to our anonymous experts… The Guardian. 20 June

34   Dellatto, M (2022) Spotify says it paid $7 billion in royalties in 2021 amid claims of low pay from artists. Forbes. 24 March

35   Spotify (2021) Spotify founder and CEO Daniel Ek Discusses the economics of music streaming. 18 March

36   Kleinman, Z (2023) Spotify will not ban AI-made music, says boss. BBC News. 26 September

37   Spotify (nd) About Spotify

38   Robinson, K (2021) 15 years of Spotify: How the streaming giant has changed and reinvented the music industry. Variety. 13 April

39   Robley, C (2022) The Spotify algorithm: What musicians need to know. DIY Musician. 14 June

40   Spotify (2021) Spotify: A product story: Spotify's podcast bet. April

41   Wang, A (2019) Spotify turns a profit for the first time – and reveals its bigger ambitions. Rolling Stone. 6 February

42   Music Business Worldwide (nd) Daniel Ek

43   Music Business Worldwide (nd) Daniel Ek

44   Spotify (2022) Spotify's top 10 takeaways on the economics of music streaming and 2021 royalty data. 24 March

45   Robinson, K (2021) 15 years of Spotify: How the streaming giant has changed and

reinvented the music industry. Variety. 13 April

13 틱톡: 누구도 무시할 수 없는 앱

1   Nick G (2023) 55+ jaw dropping app usage statistics in 2023. Techjury. 27 July

2   Shewale, R (2024) 46 TikTok statistics for 2023 (users, creators & revenue). Demand Sage. 9 January

3   Graziani, T (2018) The 3 phases of Tik Tok's growth made it China's top short-video app. Tech in Asia. 9 August

4   Stokel-Walker, C (2023) TikTok Boom. Canbury Press. Kingston upon Thames. p 19

5   Littleton, C (2021) Why TikTok's popularity exploded during the pandemic. Variety. 27 January

6   TikTok (2023) Commercial Music Library for Creators. December

7   Universal Music Group (2024) An open letter to the artist and songwriter community – why we must call time out on TikTok. 30 January

8   TikTok (2024) TikTok statement in response to Universal Music Group. 30 January

9   TikTok (2023) The power of communities on TikTok. 30 May

10 Asaolu, H (2023) The complete guide to TikTok advertising (with examples). Leadsbridge. 22 December

11 TikTok (2024) How does TikTok Commerce work. March

12 NFI (nd) How much does TikTok pay? Everything you need to know

13 Sjöberg, A (2024) What are gifts on TikTok and how much do they cost? Dexerto. 4 March

14 TikTok (2023) TikTok Pulse: Bringing brands closer to community and entertainment. 31 May

15 TikTok (nd) Celebrities on TikTok

16 Statista (2024) Most-followed creators on TikTok worldwide as of March 2024

17 Euronews with AP (2024) Which countries have banned TikTok and why? Euronews. 14 March

18 Yeung, J and Wang, S (2023) TikTok is owned by a Chinese company. So why doesn't it exist there? CNN Business. 24 March

19 BBC News (2021) Donald Trump-era ban on TikTok dropped by Joe Biden. 9 June

20 Willemyns, A (2023) White House backs TikTok ban bill. Radio Free Asia. 7 March

21 Al Jazeera Staff (2023) Key takeaways: TikTok CEO Shou Zi Chew testifies to US Congress. Al Jazeera. 23 March

22   TikTok (2023) The truth about TikTok: Separating fact from fiction. 17 April

23   Sevastopulo. D (2024) US Congress approves bill banning TikTok unless Chinese owner ByteDance sells platform. Financial Times. 24 April

24   Criddle. C (2023) TikTok spied on me. Why? Financial Times. 5 May

25   Hern. A (2019) Revealed: how TikTok censors videos that do not please Beijing. The Guardian. 25 September

26   Browning. O (2023) Tiananmen Square massacre content available on TikTok. app's CEO tells Congress. Independent. 23 March

27   Hern. A (2020) TikTok 'tried to filter out videos from ugly. poor or disabled users'. The Guardian. 17 March

28   Milmo. D and Hern. A (2022) TikTok self-harm study results 'every parent's nightmare'. The Guardian. 15 December

29   Felbin. S. Talbert. S and Aloian. A (2023) The 'blackout challenge' has resurfaced on TikTok. and it's still just as dangerous as it was 17 years ago. Women's Health. 17 January

30   Skeldon. P (2023) People now spend more time on TikTok than any other social app. Telemedia Online. 25 April

31   Lesjak. Z (2024) TikTok user statistics – who uses TikTok in 2024? Tridens Technology

32   Keenan. C (2023) New features for teens and families on TikTok. TikTok. 1 March

33   Signal360 (2023) Signal Archives: Blake Chandlee. President Global Business Solutions. TikTok

34   Stokel-Walker. C (2023) TikTok Boom. Canbury Press. Kingston upon Thames. pp 226–7

35   Stokel-Walker. C (2023) TikTok Boom. Canbury Press. Kingston upon Thames. p 256

36   Stokel-Walker. C (2023) TikTok Boom. Canbury Press. Kingston upon Thames. pp 139–45

37   Hariharan. A (nd) The hidden forces behind China's content king Toutiao. Y Combinator

38   Geyser. W (2024) The incredible rise of TikTok – [TikTok growth visualization]. Influencer Marketing Hub. 30 January

39   Stokel-Walker. C (2023) TikTok Boom. Canbury Press. Kingston upon Thames. p 80

40   Oberlo (2024) TikTok users by age (2024)

41   Big 3 Media (2020) A brief history of TikTok and its rise to popularity. 31 August

42   Signal360 (2023) Signal Archives: Blake Chandlee. President Global Business

Solutions. TikTok

43 Stokel-Walker. C (2022) Elon Musk's plans to revive Vine face one big problem: The reason it closed originally. MIT Technology Review. 31 October

44 Signal360 (2023) Signal Archives: Blake Chandlee. President Global Business Solutions. TikTok

45 Geyser. W (2024) The incredible rise of TikTok – [TikTok growth visualization]. Influencer Marketing Hub. 30 January

46 Signal360 (2023) Signal Archives: Blake Chandlee. President Global Business Solutions. TikTok

47 iMyfone (2023) [Updated] Top 8 TikTok competitors and alternatives in 2023. 22 December

마치며

1 Gore. D (2015) Great companies start because the founders want to change the world··· not make a fast buck. – Guy Kawasaki Quotes! Techstory. 24 June

틀을 깨는 사람들
세상에 없던 방식으로 성공한 이단아 기업들의 혁신 전략

초판 1쇄 발행 2025년 4월 7일

지은이 샐리 퍼시
옮긴이 정윤미
펴낸이 성의현
펴낸곳 미래의창

편집진행 조소희
본문 디자인 강혜민

출판 신고 2019년 10월 28일 제2019-000291호
주소 서울시 마포구 잔다리로 62-1 미래의창빌딩(서교동 376-15, 5층)
전화 070-8693-1719 **팩스** 0507-0301-1585
홈페이지 www.miraebook.co.kr
ISBN 979-11-93638-79-8 (03320)

※ 책값은 뒤표지에 표기되어 있습니다.

생각이 글이 되고, 글이 책이 되는 놀라운 경험. 미래의창과 함께라면 가능합니다.
책을 통해 여러분의 생각과 아이디어를 더 많은 사람들과 공유하시기 바랍니다.
투고메일 togo@miraebook.co.kr (홈페이지와 블로그에서 양식을 다운로드하세요)
제휴 및 기타 문의 ask@miraebook.co.kr